Książka kucharska z popcornem:

Od wersji klasycznej do wersji dla smakoszy

Odkryj 100 najlepszych przepisów na najsmaczniejszy popcorn, jaki kiedykolwiek jadłeś.

Liwia Szulc

Wszelkie prawa zastrzeżone.

Zastrzeżenie

Informacje zawarte w tym eBooku mają służyć jako obszerny zbiór strategii, które autor tego eBooka zbadał. Podsumowania, strategie, porady i triki są jedynie rekomendacjami autora, a przeczytanie tego eBooka nie gwarantuje, że jego wyniki będą dokładnie odzwierciedlać wyniki autora. Autor eBooka dołożył wszelkich starań, aby zapewnić czytelnikom eBooka aktualne i dokładne informacje. Autor i jego współpracownicy nie ponoszą odpowiedzialności za jakiekolwiek niezamierzone błędy lub pominięcia, które mogą zostać znalezione. Materiał w eBooku może zawierać informacje pochodzące od osób trzecich. Materiały stron trzecich zawierają opinie wyrażone przez ich właścicieli. W związku z tym autor eBooka nie ponosi odpowiedzialności za jakiekolwiek materiały lub opinie osób trzecich. Niezależnie od tego, czy z powodu rozwoju Internetu, czy też nieprzewidzianych zmian w polityce firmy i wytycznych redakcyjnych, to, co zostało uznane za fakt w chwili pisania tego tekstu, może później stać się nieaktualne lub nieprzydatne.

EBook jest chroniony prawami autorskimi © 2023 z wszelkimi prawami zastrzeżonymi. Redystrybucja, kopiowanie lub tworzenie prac pochodnych na podstawie tego eBooka w całości lub w części jest nielegalne. Żadna część tego raportu nie może być powielana ani retransmitowana w jakiejkolwiek formie reprodukowanej lub retransmitowanej bez pisemnej wyraźnej i podpisanej zgody autora.

SPIS TREŚCI

SPIS TREŚCI..3
WSTĘP..8
1. Różowa Lemoniada Popcorn......................................9
2. Spirulina Popcorn..11
3. Popcorn z czerwonego aksamitu..............................13
4. Suflety popcornowe ze słonym karmelem................15
5. Popcorn z limonką Matcha.....................................19
6. Żurawinowe Batony Popcornowe............................22
7. Kukurydziane Kukurydziane Kulki Popcornowe....24
8. Piankowy Popcorn Milkshake.................................26
9. Klastry karmelu Bourbon......................................28
10. Huragan Popcorn...31
11. Popcorn motylkowo-limonkowy.............................33
12. Popcorn z Toblerone...36
13. Przyprawiony Popcorn Kuchenny.........................38
14. Kuleczki Popcornowe..40
15. Air-fryer Popcorn z solą czosnkową......................42
16. Popcorn żebraków...44
17. Chrupiąca włoska mieszanka popcornu................46
18. Lody Sriracha Popcorn...48
19. Akadyjski popcorn..51
20. Cytrynowo-Pieprzowy Popcorn Z Parmezanem....54
21. Popcorn z wodorostów Nori..................................56

22. Czajnik kukurydziany i pocałunki..........................58
23. Hakka Spice Popcorn..60
24. Klastry popcornu karmelowego z prażonymi orzeszkami ziemnymi...62
25. Mieszanka azjatyckich imprez fusion......................65
26. Popcorn zza granicy..67
27. Migdałowy Popcorn Mokka......................................69
28. Popcorn migdałowo-toffi..71
29. Makaronik Popcorn...73
30. Popcorn z morelami..75
31. Popcorn astronautów..77
32. Popcorn Z Serem Bekonowym................................79
33. Popcorn z Bayou..81
34. Popcorn z grilla..83
35. Gorąca Kukurydza Buffalo......................................85
36. Popcorn z Masłem Pekanowym..............................87
37. Butterscotch Brownies A-Poppin...........................89
38. Butterscotch Popcorn Crunch.................................91
39. Cajun Popcorn..93
40. Cukierkowe Jabłkowe Kulki Popcornowe.............95
41. popcorn karmelowy...97
42. Popcorn Cheddarowy..99
43. wiśniowy popcorn..101
44. Kurczak Popcorn..103
45. Chili Popcorn..105
46. Chińska rozkosz popcornu.....................................107

47. Popcorn z Kremem Czekoladowym..........................109
48. Kwadraty Popcornu Oszklone Czekoladą.............111
49. Cynamonowo-jabłkowy popcorn..........................113
50. Krówki Kakaowe...115
51. Popcorn z orzechami kokosowymi.........................117
52. Kokosowe Ciasto Popcornowe................................119
53. krakersy..122
54. Żurawinowe Kulki Popcornowe.............................124
55. Curry Parmezan Popcorn.......................................126
56. Pijane Kulki Popcornu...128
57. Owocowy Popcorn Zapiekany................................130
58. Owocowe ciasteczka z popcornem.........................132
59. Czosnkowe Cheddar Popcorn Kulki......................134
60. Złote Kwadraty Popcornu......................................136
61. Granola Crunch Popcorn.......................................138
62. Batony z popcornem granola.................................140
63. Popcorn żniwny/jesienny.......................................142
64. Hawajska mieszanka popcornu.............................144
65. Niebiański popcorn z haszyszem...........................146
66. Świąteczne Kulki Popcornu...................................148
67. Popcorn miodowo-pekanowy.................................150
68. Popcorn z gorącą musztardą.................................152
69. Lody Popcornwiche..154
70. Jamajski popcorn...156
71. Jelly Bean Popcorn Niebo......................................158

72. Popcorn z dżungli..160
73. Pralinki Kemtuky Popcorn..................................162
74. Popcorn Crunch dla dzieci...............................164
75. popcorn cytrynowy...166
76. Popcorn z lukrecji...168
77. Niespodzianka LolliPopCorn.............................170
78. Ciasteczka Mac Corn Roon...............................172
79. Klonowane Kwadraty Kukurydziane................174
80. popcorn z pianki marshmallow........................176
81. Popcorn Grzybowy..178
82. Nacho Popcorn...180
83. Pomarańczowy kandyzowany popcorn.................182
84. Parmezanowy Szczypiorkowy Popcorn.................184
85. Popcorn z masłem orzechowym......................186
86. Kubki do popcornu z masłem orzechowym..........188
87. Miętowy Cukierkowy Popcorn.........................190
88. pieprzny popcorn..192
89. Popcorn Pesto...194
90. Popcorn Pina Colada...196
91. Pikantny popcorn..199
92. Popcorn do pizzy...201
93. Popcorn w stylu Koolaid...................................203
94. klastry popcornu...205
95. Stogi Popcornu...207
96. Kulki Miodowe Popcorn...................................209

97. Włoski popcorn..211
98. Makaroniki Popcorn..213
99. Popcorn Muffiny...215
100. Popcorn na patyku / stylu Popsicle.......................217
WNIOSEK..219

WSTĘP

Ta książka jest pełna przepisów na popcorn, które są niezwykle zabawne i niedrogie do zrobienia w domu. 100 smacznych przepisów zawiera znacznie więcej niż tylko znane smaki karmelu i sera cheddar. Znajdziesz tu kreatywne przepisy, takie jak pizza Pepperoni, bekon teriyaki, smaki taco limonki, gooey s'mores, a także zabawy z popcornem dla dzieci i inne tylko na święta. Tak bogata oferta popcornu smakowego sprawia, że znajdzie się porcja idealna na każdą okazję. Co więcej, popcorn jest naturalnie wegański, wegetariański i bezglutenowy, co stanowi doskonałą alternatywę dla niezdrowych, przetworzonych przekąsek.

Ta tętniąca życiem książka to ostateczny przewodnik po popcornie!

1. Różowa Lemoniada Popcorn

Porcje: 6 do 8 porcji

SKŁADNIKI:
- Jedna torebka kukurydzy o pojemności 3,2 uncji
- 1 ½ łyżeczki różowej lemoniady w proszku

INSTRUKCJE:
a) Przygotuj kukurydzę zgodnie z instrukcją na opakowaniu.
b) Wyjmij torebkę z kuchenki mikrofalowej i ostrożnie ją otwórz.
c) Gdy popcorn jest jeszcze ciepły, wlej różowy napój w proszku z lemoniadą.
d) Przytrzymaj zamkniętą torebkę dłonią i energicznie wstrząśnij, aż składniki się połączą.
e) Podawaj od razu lub przechowuj w szczelnym pojemniku.

2. Spirulina Popcorn

Porcje: 4 porcje

SKŁADNIKI:
- Tarty parmezan
- Czosnek w proszku
- ½ łyżki płatków dulse
- Pieprz cayenne, papryka chili lub papryka
- 1 łyżka spiruliny

INSTRUKCJE:
a) Zrób popcorn jak zwykle.

b) Wymieszaj dowolny lub wszystkie z powyższych składników.

c) Gdy popcorn jest jeszcze ciepły, dodaj mieszankę przypraw i energicznie wstrząśnij, aby popcorn był równomiernie pokryty.

3. Popcorn z czerwonego aksamitu

Porcje: 8 porcji

SKŁADNIKI:
- 16 filiżanek popcornu
- 3 szklanki okruchów czerwonego aksamitu
- 20 uncji białej czekolady lub białego topiącego się cukierka

INSTRUKCJE
a) Wrzuć popcorn za pomocą poppera powietrznego do dużej miski.
b) Rozpuść białą czekoladę zgodnie z instrukcją na opakowaniu.
c) Wlej roztopioną czekoladę na popcorn i wymieszaj, aby całkowicie się pokrył.
d) Wlej popcorn na wyłożony woskiem blat wyłożony papierem i posyp okruchami czerwonego aksamitu.
e) Pozostaw do całkowitego wyschnięcia przed jedzeniem.

4. Suflety popcornowe ze słonym karmelem

Robi: 4

SKŁADNIKI:
- 125 ml pełnego mleka
- 125 ml podwójnej śmietany
- 105g cukru pudru
- 25g puddingu ryżowego
- 1 laska wanilii, podzielona
- 75 g niesolonego masła, zmiękczonego
- 6 białek jaj
- 20g popcornu

SŁONY SOS KARMELOWY
- 100 g cukru pudru plus 75 g na kokilki
- 45 g solonego masła, pokrojonego na kawałki
- 60 ml podwójnej śmietany
- ½ łyżeczki soli morskiej

INSTRUKCJE:
a) Rozgrzej piekarnik do 140°C i włóż do lodówki cztery formy sufletowe lub kokilki o wymiarach 9,5 cm x 5 cm, aby się schłodziły.
b) Połącz mleko, śmietankę, 15 g cukru, ryż, laskę wanilii i szczyptę soli w żaroodpornym naczyniu.
c) Przykryj i piecz przez 2 godziny lub do miękkości ryżu, mieszając co 30 minut.
d) Usuń laskę wanilii, a następnie przenieś mieszaninę do blendera i zmiksuj na gładkie purée, upewniając się, że nie

pozostały żadne ziarna ryżu. Przykryć i pozostawić do ostygnięcia.

e) W międzyczasie na sos karmelowy rozsyp 100 g cukru na dnie garnka z grubym dnem.

f) Postaw na średnim ogniu, uważnie obserwując, jak cukier zaczyna się topić.

g) Od czasu do czasu potrząsaj patelnią, aby rozprowadzić nieroztopiony cukier, a gdy się rozpuści, użyj silikonowej szpatułki, aby połączyć cukier, delikatnie rozbijając wszelkie grudki.

h) Gdy płyn stanie się gładki, głęboko bursztynowy – uważając, aby się nie spalił – szybko wymieszaj z masłem.

i) Powoli wlewać do śmietany, mieszając, aż powstanie lśniący, lśniący sos karmelowy. Wmieszaj sól morską. Odłożyć na bok.

j) Gdy kokilki całkowicie ostygną, wyjmij je z lodówki i obficie posmaruj wnętrze masłem, upewniając się, że nie ma pominiętych miejsc, i szczotkuj aż do krawędzi.

k) Wlej 75 g cukru do jednej kokilki, obracając ją tak, aby wnętrze było dokładnie pokryte cukrem, a następnie przesyp nadmiar do następnej i powtarzaj, aż wszystkie zostaną pokryte. Odłożyć na bok.

l) Wlej białka do dużej miski i ubijaj trzepaczką elektryczną na wysokich obrotach przez 1 minutę.

m) Stopniowo dodawaj jedną czwartą pozostałego cukru, ubijając jeszcze przez minutę, a następnie kolejną ćwiartkę.

n) Powtarzaj, aż cały cukier zostanie włączony.

o) Po dodaniu całego cukru kontynuuj ubijanie przez kolejne 30 sekund, aż utworzy się sztywna, błyszcząca piana.

p) W międzyczasie umieść purée z puddingu ryżowego i 15 g solonego sosu karmelowego w dużej żaroodpornej misce ustawionej na garnku z gotującą się wodą.
q) Delikatnie podgrzej mieszaninę i wymieszaj, a następnie zdejmij z ognia.
r) Złóż jedną czwartą ubitych białek jajek do mieszanki puddingu ryżowego, aby pomóc ją poluzować, a następnie wymieszaj resztę, aż zostaną dokładnie połączone.
s) Rozgrzej piekarnik do 200C.
t) Nałóż mieszankę sufletową do przygotowanych kokilek, lekko je napełniając.
u) Za pomocą noża paletowego wyrównaj wierzchołki.
v) Przeciągnij ściśniętym kciukiem i palcem wskazującym po wewnętrznej krawędzi każdej kokilki, aby upewnić się, że suflet uniesie się prosto do góry.
w) Wierzch posypać popcornem, następnie ułożyć na blasze do pieczenia i piec na środkowej półce piekarnika.

5. Popcorn z limonką Matcha

Porcje: 2 porcje

SKŁADNIKI:
- 1 łyżka oleju kokosowego
- ¼ szklanki ziaren popcornu
- 2 łyżki cukru
- 1 łyżka wegańskiego masła
- ½ łyżeczki wody
- 1 łyżeczka proszku matcha
- 1 łyżeczka bardzo drobno posiekanej skórki z limonki

INSTRUKCJE

a) Rozgrzej olej w dużym i głębokim garnku lub patelni na średnim ogniu. Dodaj kilka ziaren popcornu do garnka i poczekaj, aż wystrzelą.

b) Gdy pękną, dodaj pozostałe ziarna popcornu, wymieszaj, aby pokryły się olejem i zdejmij z ognia. Odczekaj 30-50 sekund i ponownie postaw garnek na kuchence.

c) Przykryj pokrywką i poczekaj, aż ziarna wyskoczą. Gdy zacznie strzelać, potrząśnij garnkiem kilka razy, aby upewnić się, że wszystkie ziarna gotują się równomiernie. Kontynuuj gotowanie, aż wszystkie ziarna pękną. Zdjąć z ognia i przełożyć do dużej miski.

d) Dodaj cukier i wegańskie masło do małego rondelka. Śmiało możesz też dodać szczyptę soli. Podgrzej na średnim ogniu i gotuj przez około 1 minutę. Dodaj wodę, zamieszaj i gotuj przez kolejne 20 sekund lub do całkowitego rozpuszczenia cukru.

e) Wlać popcorn, jednocześnie mieszając, aby równomiernie pokrył się syropem. Przesiej proszek matcha nad popcornem i wymieszaj, aby się pokrył. Dodać skórki z limonki i ponownie wymieszać.

f) Serwuje natychmiast! Ten popcorn najlepiej podawać tego samego dnia, ale można go podgrzać następnego dnia w nagrzanym piekarniku o temperaturze 350 ° F przez około 5 minut.

6. Żurawinowe Batony Popcornowe

Porcje: 4 porcje

SKŁADNIKI:
- 3 uncje popcornu mikrofalowego, popękanego
- ¾ szklanki chipsów z białej czekolady
- ¾ szklanki słodzonej suszonej żurawiny
- ½ szklanki słodzonych płatków kokosowych
- ½ szklanki posiekanych migdałów, grubo posiekanych
- 10 uncji pianek marshmallow
- 3 łyżki masła

INSTRUKCJE:
a) Wyłóż formę do pieczenia o wymiarach 13 cali x 9 cali folią aluminiową; spryskaj nieprzywierającym sprayem do warzyw i odłóż na bok. W dużej misce wymieszaj popcorn, chipsy czekoladowe, żurawinę, kokos i migdały; odłożyć na bok. W rondelku na średnim ogniu mieszaj pianki i masło, aż się roztopią i będą gładkie.
b) Wlać mieszankę popcornu i wrzucić do całkowitego pokrycia; szybko przełożyć na przygotowaną blaszkę.
c) Połóż arkusz woskowanego papieru na wierzchu; mocno dociśnij. Schładzaj przez 30 minut lub do momentu, aż stwardnieje. Podnieś pręty z patelni, używając folii jako uchwytów; zdejmij folię i papier woskowany. Pokrój w batony; schłodzić dodatkowe 30 minut.

7. Kukurydziane Kukurydziane Kulki Popcornowe

Robi: 10

SKŁADNIKI:
- 8 filiżanek popcornu
- 1 szklanka kukurydzy cukrowej
- ¼ szklanki masła
- ¼ łyżeczki soli
- 10 uncji opak. Pianki

INSTRUKCJE:
a) Połącz popcorn i kukurydzę cukrową w dużej misce; odłożyć na bok. Rozpuść masło w dużym rondlu na średnim ogniu; wymieszać z solą i piankami.
b) Zmniejsz ogień do niskiego poziomu i gotuj, często mieszając, przez 7 minut lub do momentu, aż pianki się roztopią, a mieszanina będzie gładka.
c) Wlać mieszaninę popcornu, mieszając, aby pokryć. Lekko posmaruj ręce sprayem do warzyw i uformuj popcorn w 4-calowe kulki.
d) W razie potrzeby zawiń kulki pojedynczo w celofan.

8. Piankowy Popcorn Milkshake

Porcje: 2 porcje

SKŁADNIKI:
- 1 szklanka pełnego mleka
- ⅔ szklanki popcornu
- ½ szklanki mini pianek marshmallow
- ⅔ szklanki lodów waniliowych
- ¼ łyżeczki soli

INSTRUKCJE:

a) Umieść popcorn w blenderze i pulsuj, aż popcorn stanie się jak drobna bułka tarta.

b) Następnie dodaj marshmallows, mleko i lody. Miksuj do uzyskania gładkości.

c) Spróbuj koktajlu mlecznego i zobacz, jak smakuje najpierw bez dodatku soli.

d) Następnie dodaj marshmallows, mleko i lody. Miksuj do uzyskania gładkości.

e) Spróbuj koktajlu mlecznego i zobacz, jak smakuje najpierw bez dodatku soli.

9. Klastry karmelu Bourbon

Tworzy: 24 klastry

SKŁADNIKI:

- 2 łyżki oleju roślinnego
- ⅓ szklanki ziaren popcornu
- 4 łyżki masła roślinnego
- 1½ szklanki jasnobrązowego cukru, mocno ubitego
- ½ szklanki jasnego syropu kukurydzianego
- 2 łyżki burbona
- ½ łyżeczki soli
- ½ łyżeczki sody oczyszczonej
- 1 szklanka posiekanych orzechów pekan, uprażonych

INSTRUKCJE:

a) Podgrzej 3 ziarna popcornu w oleju roślinnym w średnim garnku z pokrywką na średnim ogniu. Dodaj pozostałe ziarna i ponownie przykryj rondel, gdy tylko jeden wyskoczy.

b) Gotuj przez 3 minuty, ciągle potrząsając patelnią, lub do momentu, gdy ziarna przestaną strzelać.

c) Rozgrzej piekarnik do 350 ° F i wyłóż blachę do pieczenia folią aluminiową.

d) Spryskaj nieprzywierającym sprayem do gotowania.

e) W rondelku rozpuść roślinne masło Canna. Dodaj jasnobrązowy cukier i lekki syrop kukurydziany.

f) Doprowadzić mieszaninę do wrzenia, od czasu do czasu mieszając, przez 10 minut lub do momentu osiągnięcia temperatury 300°F.

g) Wyłącz ogrzewanie i dodaj bourbon, sól, sodę oczyszczoną, orzechy pekan i popcorn i wrzuć do pokrycia.

h) Przenieś mieszaninę na przygotowaną blachę do pieczenia i ułóż klastry.
i) Przed podaniem odczekaj co najmniej 30 minut do ostygnięcia.

10. Huragan Popcorn

Porcje: 4 Porcje

SKŁADNIKI:
- 1 kwarta świeżego popcornu
- 1 łyżka roztopionego masła
- $\frac{1}{8}$ łyżeczki sosu sojowego
- 1 łyżka nori furikake
- Japońskie krakersy ryżowe

INSTRUKCJE:
a) Wymieszaj odrobinę sosu sojowego z roztopionym masłem. Stopniowo polewaj popcorn mieszanką masła, rozprowadzając go tak równomiernie, jak to tylko możliwe. Dobrze wymieszaj.

b) Posyp furikake popcornem, dobrze mieszając / potrząsając, aby rozprowadzić. Wmieszaj krakersy ryżowe.

c) Na wierzchu dodatkowo posyp furikake.

11. Popcorn motylkowo-limonkowy

Porcje: 2 porcje

SKŁADNIKI:
- 1 łyżka oleju kokosowego
- ¼ szklanki ziaren popcornu
- 2 łyżki cukru
- 1 łyżka wegańskiego masła
- ½ łyżeczki wody
- 1 łyżeczka proszku z groszku motylkowego
- 1 łyżeczka bardzo drobno posiekanej skórki z limonki

INSTRUKCJE
a) Rozgrzej olej w dużym i głębokim garnku lub patelni na średnim ogniu.
b) Dodaj kilka ziaren popcornu do garnka i poczekaj, aż wystrzelą.
c) Gdy pękną, dodaj pozostałe ziarna popcornu, wymieszaj, aby pokryły się olejem i zdejmij z ognia. Odczekaj 30-50 sekund i ponownie postaw garnek na kuchence.
d) Przykryj pokrywką i poczekaj, aż ziarna wyskoczą. Gdy zacznie strzelać, potrząśnij garnkiem kilka razy, aby upewnić się, że wszystkie ziarna gotują się równomiernie. Kontynuuj gotowanie, aż wszystkie ziarna pękną. Zdjąć z ognia i przełożyć do dużej miski.
e) Dodaj cukier i wegańskie masło do małego rondelka. Śmiało możesz też dodać szczyptę soli. Podgrzej na średnim ogniu i gotuj przez około 1 minutę. Dodaj wodę, zamieszaj i gotuj przez kolejne 20 sekund lub do całkowitego rozpuszczenia cukru.
f) Wlać popcorn, jednocześnie mieszając, aby równomiernie pokrył się syropem.

g) Przesiej groszek motylkowy nad popcornem i wymieszaj, aby się pokrył. Dodać skórki z limonki i ponownie wymieszać.

h) Służy natychmiast.

12. Popcorn z Toblerone

Tworzy: 1

SKŁADNIKI:
- 1 torebka popcornu
- ½ batonika Toblerone
- ⅓ szklanki mleka

INSTRUKCJE
a) Popcorn
b) Czekoladę i mleko umieścić w rondelku
c) Włącz średnie lub niskie ciepło
d) Na początku dość często mieszaj, a następnie pozwól czekoladzie osiąść w sosie
e) Po uzyskaniu gładkiej konsystencji skropić popcorn

13. Przyprawiony Popcorn Kuchenny

Robi: 10 FILIŻANEK

SKŁADNIKI:
- 1 łyżka oleju
- 1 łyżeczka garam masali
- ½ szklanki niegotowanych ziaren popcornu
- 1 łyżeczka grubej soli morskiej

INSTRUKCJE:
a) Rozgrzej olej w głębokiej, ciężkiej patelni na średnim ogniu.
b) Wmieszaj ziarna popcornu.
c) Dusić 7 minut pod przykryciem.
d) Wyłącz ogrzewanie i pozostaw popcorn pod przykryciem na 3 minuty.
e) Dodaj sól i masala do smaku.

14. Kuleczki Popcornowe

SKŁADNIKI:
- 7 litrów popcornu
- 1 szklanka melasy
- 1 szklanka cukru granulowanego
- ⅓ szklanki wody
- ½ łyżeczki soli
- ½ łyżeczki wanilii

INSTRUKCJE:
a) Umieść popcorn w dużej blasze do pieczenia; trzymać w cieple w piekarniku 200 st.
b) W ciężkim rondlu połącz cukier, melasę, wodę i sól.
c) Gotuj na średnim ogniu, aż termometr cukierniczy wskaże 235° (etap miękkiej piłki).
d) Zdjąć z ognia. Dodaj wanilię.
e) Natychmiast wlej popcorn i mieszaj, aż będzie równomiernie pokryty.
f) Gdy mieszanina jest wystarczająco chłodna, aby ją obsługiwać, szybko uformuj ją w 3 cale. kulki, zanurzając ręce w zimnej wodzie, aby zapobiec przywieraniu.

15. Air-fryer Popcorn z solą czosnkową

Tworzy 1 porcję

SKŁADNIKI:

- 2 łyżki oliwy z oliwek
- $\frac{1}{4}$ szklanki ziaren popcornu
- 1 łyżeczka soli czosnkowej
- Kolor żywności

INSTRUKCJE:

a) Rozgrzej frytkownicę powietrzną do 380 ° F.
b) Oderwij kwadrat folii aluminiowej wielkości dna frytownicy i włóż ją do frytownicy.
c) Skrop oliwą górę folii, a następnie wlej ją do ziaren popcornu.
d) Piec przez 8 do 10 minut lub do momentu, gdy popcorn przestanie strzelać.
e) Przenieś popcorn do dużej miski i przed podaniem posyp solą czosnkową i barwnikiem spożywczym.

16. Popcorn żebraków

Sprawia, że wyskoczyło około 4 filiżanek

SKŁADNIKI:
- 2 łyżki ziaren popcornu
- 2 serie nieprzywierającego sprayu do gotowania
- Cynamon do smaku
- Chili w proszku do smaku
- pieprz cayenne do smaku
- Czosnek w proszku do smaku
- 1 łyżeczka soli morskiej

INSTRUKCJE

a) W brązowej papierowej torbie umieść niegotowany popcorn.

b) Spryskaj wnętrze torby i ziarna nieprzywierającym sprayem do gotowania, a następnie złóż górę torby pięć razy, aby zrobić miejsce na prażoną kukurydzę.

c) Mikrofale przez 2 minuty na średnim poziomie.

d) Dopraw cynamonem, chili w proszku, pieprzem cayenne, czosnkiem i solą. Ponownie zamknij torebkę i energicznie nią potrząśnij.

17. Chrupiąca włoska mieszanka popcornu

Porcje: 10 porcji

SKŁADNIKI:
- 10 filiżanek Prażona kukurydza
- 3 filiżanki Kukurydziane przekąski w kształcie trąbki
- ¼ szklanki Margaryna lub masło
- 1 łyżeczka przyprawa włoska
- ½ łyżeczki Czosnek w proszku
- ⅓ szklanki parmezan

INSTRUKCJE:
a) W dużej misce nadającej się do kuchenki mikrofalowej połącz popcorn i przekąski kukurydziane.
b) W 1 filiżance mikro-bezpiecznej miarki połącz pozostałe składniki , z wyjątkiem sera.
c) Podgrzewaj w kuchence mikrofalowej przez 1 minutę z ustawieniem HIGH lub do momentu, aż margaryna się rozpuści; zamieszać. Wlej mieszankę popcornu na wierzch.
d) Mieszaj, aż wszystko będzie równomiernie pokryte. Gotuj w kuchence mikrofalowej, bez przykrycia, przez 2-4 minuty, aż się zarumienią, mieszając co minutę. Po wierzchu należy posypać parmezanem.
e) Podaje się na ciepło.

18. Lody Sriracha Popcorn

Sprawia, że około 1 kwarty

SKŁADNIKI:
- 3 łyżki srirachy
- 2 szklanki świeżo prażonego beztłuszczowego popcornu
- 2¼ szklanki gęstej śmietany
- Pusta Baza Lodów

INSTRUKCJE

a) Wyłóż blachę do pieczenia pergaminem. Rozgrzej piekarnik do 220°F. Używając przesuniętej szpatułki, rozprowadź srirachę bardzo cienką warstwą na pergaminie. Odwodnij srirachę w piekarniku przez około godzinę lub do całkowitego wyschnięcia. Pozostawić do całkowitego ostygnięcia. W tym momencie powinien odkleić lub zeskrobać pergamin. Umieść srirachę w plastikowej torbie i zmiażdż ją na proszek. Odłożyć na bok.

b) Zacznij od świeżo prażonej kukurydzy, jeszcze ciepłej. Jeśli nie masz świeżego popcornu, możesz opiekać popcorn w workach przez 5 minut w piekarniku nagrzanym do 200°F lub do momentu, gdy wyczuwalny będzie aromat popcornu. Beztłuszczowy popcorn jest ważny, ponieważ nie będzie zawierał oleju, który ma standardowy popcorn, który powoduje tłustość w gotowych lodach.

c) W średnim rondlu na średnim ogniu dodaj popcorn do śmietany. Doprowadzić do niskiego wrzenia przez 3 do 5 minut. Używając sitka ustawionego nad miską, odcedź płyn, dociskając, aby uzyskać jak najwięcej aromatyzowanej śmietany. Może pojawić się trochę pulpy z popcornu, ale to w porządku - jest pyszne! Zarezerwuj pozostałe stałe składniki na pudding popcornowy. Pozwól kremowi całkowicie ostygnąć.

d) Stracisz trochę kremu do wchłonięcia, więc odmierz pozostałą ilość kremu i dodaj w razie potrzeby, aby powrócić do $1\frac{3}{4}$ filiżanki kremu.

e) Przygotuj pustą bazę zgodnie ze standardowymi instrukcjami, ale użyj zaparzonej śmietany i zmniejsz cukier do $\frac{1}{4}$ szklanki.

f) Przechowywać w lodówce przez noc. Kiedy będziesz gotowy do przygotowania lodów, ponownie zmiksuj miksturę za pomocą blendera zanurzeniowego, aż będzie gładka i kremowa.

g) Wlać do maszyny do lodów i zamrozić zgodnie z instrukcją producenta.

h) Tuż przed zakończeniem ubijania lodów posyp je proszkiem sriracha i pozwól, aby trzepaczka rozprowadziła płatki. Dodanie srirachy zbyt wcześnie spowoduje jej nawodnienie i spowoduje powstanie smug srirachy zamiast płatków.

i) Przechowywać w hermetycznym pojemniku i zamrażać przez noc.

19. Akadyjski popcorn

SKŁADNIKI:

- 2 funty surowych ogonów raków (lub małych krewetek)
- 2 duże jajka
- 1 szklanka wytrawnego białego wina
- ½ szklanki mąki kukurydzianej
- ½ szklanki mąki
- 1 łyżka świeżego szczypiorku
- 1 ząbek czosnku, posiekany
- ½ łyżeczki listków tymianku
- ½ łyżeczki trybuli
- ½ łyżeczki soli czosnkowej
- ½ łyżeczki czarnego pieprzu
- ½ łyżeczki pieprzu cayenne
- ½ łyżeczki papryki
- olej do głębokiego smażenia

INSTRUKCJE:

a) Opłucz langusty lub krewetki w zimnej wodzie, dobrze odsącz i odłóż na bok, aż będą potrzebne. Ubij jajka i wino w małej misce, a następnie wstaw do lodówki. W innej małej misce połącz mąkę kukurydzianą, mąkę, szczypiorek, czosnek, tymianek, trybulę, sól, pieprz, pieprz cayenne i paprykę. Stopniowo wlewaj suche składniki do masy jajecznej, dobrze mieszając. Powstałe ciasto przykryć i odstawić na 1-2 godziny w temperaturze pokojowej.

b) Rozgrzej olej w holenderskim piekarniku lub frytkownicy do 375 ° F na termometrze.

c) Zanurz suche owoce morza w cieście i smaż w małych porcjach przez 2-3 minuty, obracając je na złoty kolor.

d) Raki (lub krewetki) wyjmujemy łyżką cedzakową i dokładnie odsączamy na kilku warstwach ręczników papierowych. Podawaj na rozgrzanym talerzu z ulubionym dipem.

20. Cytrynowo-Pieprzowy Popcorn Z Parmezanem

Robi: 4

SKŁADNIKI:
- 4 filiżanki prażonego popcornu
- 2 łyżki tartego parmezanu
- $\frac{3}{4}$ łyżeczki przyprawy do pieprzu cytrynowego

INSTRUKCJE:
a) W dużej misce połącz wszystkie składniki.
b) Dobrze wymieszaj i natychmiast podawaj.

21. Popcorn z wodorostów Nori

Robi: 6

SKŁADNIKI:
- Czarny sezam, jedna łyżka stołowa
- Brązowy cukier, jedna łyżka stołowa
- Sól, pół łyżeczki
- Olej kokosowy, pół łyżeczki
- Jądra popcornu, pół szklanki
- Masło, dwie łyżki stołowe
- Płatki wodorostów nori, jedna łyżka stołowa

INSTRUKCJE:
a) W moździerzu zmiel płatki wodorostów nori, nasiona sezamu, cukier i sól na drobny proszek.
b) Rozpuść olej kokosowy w dużym rondlu z grubym dnem.
c) Dodaj ziarna popcornu, przykryj pokrywką i gotuj na średnim ogniu, aż pękną.
d) Natychmiast dodaj resztę kukurydzy po tym, jak kukurydza się rozpadnie, załóż pokrywkę i gotuj, od czasu do czasu potrząsając patelnią, aż wszystkie ziarna się popękają.
e) Przenieś prażoną kukurydzę do dużej miski i polej stopionym masłem, jeśli używasz.
f) Posyp swoją słodko-słoną mieszankę nori i dobrze wymieszaj rękami, aż każdy kawałek zostanie pokryty.
g) Posyp pozostałymi ziarnami sezamu.

22. Czajnik kukurydziany i pocałunki

SKŁADNIKI:

- Duży garnek z pokrywką
- ½ szklanki ziaren popcornu
- ¼ szklanki oleju roślinnego
- ¼ szklanki białego cukru
- Sól dla smaku
- ½ szklanki mini chipsów czekoladowych

INSTRUKCJE:

a) W dużym garnku rozgrzej olej roślinny.
b) Wrzuć trzy ziarna popcornu do oleju, aby sprawdzić temperaturę. Uważaj na rozpryski gorącego oleju!
c) Kiedy ziarna pękną, dodaj cukier do oleju. Mieszaj, aż cukier się rozpuści, a następnie dodaj pozostałe ziarna popcornu.
d) Potrząśnij garnkiem, aby ziarna pokryły się mieszaniną oleju i cukru. Przykryj i kontynuuj gotowanie na średnim ogniu, często podnosząc i potrząsając garnkiem, aby zapobiec przypaleniu popcornu.
e) Kiedy trzaskanie zwolni do jednego trzaskania co dwie lub trzy sekundy, zdejmij garnek z ognia i kontynuuj potrząsanie garnkiem, aż trzaskanie ustanie.
f) Natychmiast wlej do dużej miski, mieszając, aby rozbić duże grudki popcornu.
g) Dodaj sól do smaku.
h) Dodaj mini czekoladowe chipsy do częściowo schłodzonego popcornu. Wymieszaj, aby popcorn pokrył się czekoladą.
i) Całkowicie ostudzić.

23. Hakka Spice Popcorn

SKŁADNIKI:

- Mieszanka przypraw
- 2 łyżki oleju roślinnego
- $\frac{1}{2}$ szklanki ziaren popcornu
- Sól koszerna

INSTRUKCJE:

a) Na małej patelni lub patelni do smażenia połącz przyprawy; nasiona anyżu gwiaździstego, nasiona kardamonu, goździki, ziarna pieprzu, nasiona kolendry i nasiona kopru włoskiego. Podsmażaj przyprawy przez 5 do 6 minut.
b) Zdejmij patelnię z ognia i przełóż przyprawy do moździerza i tłuczka lub młynka do przypraw. Zmiel przyprawy na drobny proszek i przełóż do małej miski.
c) Dodaj mielony cynamon, imbir, kurkumę i pieprz cayenne i wymieszaj, aby połączyć. Odłożyć na bok.
d) Rozgrzej wok na średnim ogniu, aż zacznie dymić. Wlej olej roślinny i ghee i zamieszaj, aby pokryć wok. Dodaj 2 ziarna popcornu do woka i przykryj.
e) Gdy wyskoczą, dodaj pozostałe jądra i przykryj.
f) Ciągle wstrząsaj, aż trzaskanie ustanie.
g) Przenieś popcorn do dużej papierowej torby. Dodaj 2 obfite szczypty soli koszernej i $1\frac{1}{2}$ łyżki mieszanki przypraw. Złóż torbę zamkniętą i potrząśnij!

24. Klastry popcornu karmelowego z prażonymi orzeszkami ziemnymi

Robi: 3 funty

SKŁADNIKI:
- 2¼ szklanki (300 gramów) prażonych orzeszków ziemnych
- 3 torebki do kuchenki mikrofalowej (200 gramów) popcornu
- 1¼ łyżeczki (6 gramów) sody oczyszczonej
- 1½ łyżeczki (8 gramów) soli
- 1 szklanka (200 gramów) cukru
- ¾ szklanki (180 gramów) brązowego cukru
- ¼ szklanki (84 gramów) syropu klonowego
- ¼ szklanki (90 gramów) syropu kukurydzianego
- 6 łyżek (85 gramów) masła

INSTRUKCJE:
a) Rozłóż orzeszki ziemne na wyłożonej pergaminem blasze do pieczenia. Ogrzać w piekarniku w temperaturze 200°F. Następnie umieść popcorn w dużej misce obok kuchenki. Wymieszaj sodę oczyszczoną i sól w małej misce i umieść ją obok pieca.

b) W ciężkim 4-litrowym rondlu wymieszaj cukier, brązowy cukier, syrop klonowy, syrop kukurydziany i masło na małym ogniu. Kiedy wygląda na to, że wszystkie kryształki cukru się rozpuściły, wyjmij mieszadło.

c) Wyszczotkuj boki garnka wodą, używając czystego pędzla do ciasta, aż nie będzie żadnych kryształków na bokach garnka.

d) Umieść termometr cukierniczy w rondlu i gotuj bez mieszania, aż mieszanina osiągnie 290°F.

e) Zdejmij patelnię z ognia i dodaj mieszankę sody oczyszczonej i soli. Spowoduje to spienienie karmelu, więc bądź przygotowany na to, że szybko wyrośnie. Mieszaj, aż piana nieco opadnie. Następnie wmieszaj podgrzane orzeszki ziemne.

f) Równomiernie rozprowadź mieszankę karmelowo-orzechową na popcornie. Szybko wrzuć popcorn, używając 2 pałeczek do mieszania o wysokiej temperaturze, aż cały popcorn zostanie równomiernie pokryty.

g) Wlać karmelową kukurydzę na silikonową matę do pieczenia lub papier do pieczenia. Użyj patyczków do mieszania, aby lekko uderzyć popcornem w równą warstwę. Pozostaw do ostygnięcia, a następnie podziel na małe grona.

25. Mieszanka azjatyckich imprez fusion

Porcje: około 11 filiżanek

SKŁADNIKI:
- 6 filiżanek popcornu
- 2 filiżanki chrupiących płatków śniadaniowych Konjac o wielkości kęsa
- 1 szklanka niesolonych prażonych orzechów nerkowca lub orzeszków ziemnych
- 1 szklanka małych precli
- 1 szklanka groszku wasabi
- $1/4$ kubka margaryn wegańskich
- 1 łyżka sosu sojowego
- $1/2$ łyżeczki soli czosnkowej
- $1/2$ łyżeczki przyprawionej soli

INSTRUKCJE

a) Rozgrzej piekarnik do 250°F. Na blasze do pieczenia o wymiarach 9 x 13 cali połącz popcorn, płatki, orzechy nerkowca, precle i groszek.

b) W małym rondlu połącz margarynę, sos sojowy, sól czosnkową i przyprawioną sól. Gotuj, mieszając, na średnim ogniu, aż margaryna się rozpuści, około 2 minut. Wlać mieszankę popcornu, mieszając, aby dobrze wymieszać. Pieczemy 45 minut, od czasu do czasu mieszając. Całkowicie ostudzić przed podaniem.

26. Popcorn zza granicy

SKŁADNIKI:

- ¼ szklanki nieprażonej kukurydzy (8 filiżanek popękanej)
- 1 szklanka rozdrobnionego sera Monterey Jack
- 2 łyżeczki chili w proszku
- 2 łyżeczki papryki
- 2 łyżeczki mielonego kminku

INSTRUKCJE:

a) popcorn. Wymieszaj przyprawy z rozdrobnionym serem.
b) Posyp mieszanką niesezonowany popcorn i mieszaj, aż dobrze się połączy.

27. Migdałowy Popcorn Mokka

SKŁADNIKI:

- ½ szklanki Mocnej kawy
- ½ szklanki białego syropu kukurydzianego
- ¼ szklanki masła
- 1 szklanka brązowego cukru
- 1 łyżka kakao
- 1/2 szklanki prażonej kukurydzy
- 1 szklanka migdałów; opiekane kotlety

INSTRUKCJE:

a) W grubym rondlu umieść kawę, syrop kukurydziany, masło, brązowy cukier i kakao.

b) Gotuj na umiarkowanym ogniu do 280 ~ na termometrze cukierniczym.

c) Posyp uprażoną kukurydzą i migdałami

28. Popcorn migdałowo-toffi

SKŁADNIKI:

- 1 szklanka cukru
- ½ szklanki masła
- ½ szklanki białego syropu kukurydzianego
- ¼ szklanki wody
- 1 szklanka migdałów; posiekane i opiekane
- ½ łyżeczki wanilii
- ½ szklanki popcornu

INSTRUKCJE:

a) W grubym rondlu połącz cukier, masło, syrop kukurydziany, wodę i migdały.

b) Gotuj na umiarkowanym ogniu do 280 ~ na termometrze cukierniczym.

c) Dodaj wanilię. Dobrze wymieszaj i zalej uprażoną kukurydzę.

29. Makaronik Popcorn

SKŁADNIKI:

- 3 kwarty popcornu
- 1 szklanka nieblanszowanych całych migdałów
- ½ szklanki margaryny lub masła
- ½ szklanki brązowego cukru pakowane
- ½ szklanki Amaretto

INSTRUKCJE:

a) Rozgrzej piekarnik do 250 F. Ułóż popcorn na 2 patelniach z galaretką; posypać migdałami popcorn. W małym rondelku rozpuść margarynę na małym ogniu; wymieszać z brązowym cukrem i amaretto.

b) Doprowadzić do wrzenia, od czasu do czasu mieszając. Gotować 3 minuty.

c) Zdjąć z ognia. Zalej popcornem; mieszać, aż dokładnie się pokryje.

d) Piec w temperaturze 200°C przez 1 godzinę; rozłożyć na folii lub papierze woskowanym do ostygnięcia.

e) Przechowywać w luźno przykrytych pojemnikach.

30. Popcorn z morelami

SKŁADNIKI:

- ¼ szklanki masła
- 2 łyżki galaretki morelowej lub dżemu
- 2 łyżki brązowego cukru
- ½ szklanki popcornu
- ½ szklanki prażonych wiórków kokosowych
- ½ szklanki prażonych migdałów
- 1 szklanka suszonych moreli pokrojonych na małe kawałki

INSTRUKCJE:

a) W grubym rondlu umieść masło, galaretkę i brązowy cukier.

b) Gotuj na umiarkowanym ogniu do 235 ~ na termometrze cukierniczym.

c) Posyp uprażoną kukurydzą, kokosem, migdałami i morelami.

31. Popcorn astronautów

SKŁADNIKI:

- 8 filiżanek popcornu
- ½ szklanki) cukru
- ½ szklanki sproszkowanego napoju pomarańczowego Tang
- ⅓ szklanki Lekki syrop kukurydziany
- ⅓ szklanki wody
- ¼ szklanki masła
- ½ łyżeczki ekstraktu z pomarańczy
- 1 łyżeczka sody oczyszczonej

INSTRUKCJE:

a) Umieść popcorn w dużej wysmarowanej masłem blasze do pieczenia. Na osobnej patelni połącz cukier, napój, syrop, wodę i masło. Mieszaj na średnim ogniu, aż cukier się rozpuści. Gotuj, aż mieszanina osiągnie 250 ° C na termometrze cukierniczym, często mieszając.

b) Zdjąć z ognia i wymieszać z ekstraktem pomarańczowym i sodą oczyszczoną.

c) Wlać popcorn, dobrze wymieszać. Piecz przez 1 godzinę, od czasu do czasu mieszając. Pozostawić do całkowitego ostygnięcia.

32. Popcorn Z Serem Bekonowym

SKŁADNIKI:

- 4 litry popcornu
- ⅓ szklanki stopionego masła
- ½ łyżeczki przyprawionej soli
- ½ łyżeczki soli wędzonej Hickory
- ½ szklanki startego amerykańskiego sera
- ⅓ szklanki kawałków bekonu

INSTRUKCJE:

a) Wsyp świeżo uprażoną kukurydzę do dużej miski.
b) Połącz margarynę z solą wędzoną z hikory.
c) Zalej popcornem; dobrze wrzucić do płaszcza.
d) Posypać kawałkami sera i boczku.
e) Ponownie wymieszaj i podawaj na ciepło.

33. Popcorn z Bayou

SKŁADNIKI:

- 3 łyżki masła; lub margaryny
- $\frac{1}{2}$ łyżeczki czosnku w proszku
- $\frac{1}{2}$ łyżeczki pieprzu cayenne
- $\frac{1}{2}$ łyżeczki papryki
- $\frac{1}{2}$ łyżeczki suszonego tymianku
- $\frac{1}{2}$ łyżeczki soli
- 12 filiżanek prażonej kukurydzy

INSTRUKCJE:

a) W ciężkim rondlu rozpuść masło nad med. ciepło.

b) Wymieszaj pozostałe składniki oprócz popcornu. Gotuj przez 1 minutę.

c) Zalej popcornem, mieszając, aby równomiernie się pokrył. Służy na raz.

34. Popcorn z grilla

SKŁADNIKI:

- 6 łyżek popcornu prażonego gorącym powietrzem ⅓ szklanki masła
- 3 łyżki sosu chilli
- 1 łyżeczka cebuli w proszku
- 1 łyżeczka chili w proszku ½ łyżeczki soli
- 2 łyżki tartego parmezanu

INSTRUKCJE:

a) Umieść popcorn w dużej misce. W małym rondelku rozpuścić margarynę.

b) Wymieszać z sosem chili, cebulą i chili w proszku oraz solą.

c) Stopniowo wlewaj mieszankę chili na popcorn, mieszając, aby dobrze wymieszać.

d) Posypać serem i zagotować.

35. Gorąca Kukurydza Buffalo

SKŁADNIKI:

- 2 1/2 litra prażonej kukurydzy
- 2 filiżanki chipsów kukurydzianych lekko połamanych
- 1 szklanka suchych prażonych orzeszków ziemnych
- ¼ szklanki masła
- 2 łyżki ostrego sosu w stylu Luizjany
- 1 łyżeczka nasion selera
- ¼ łyżeczki soli

INSTRUKCJE:

a) W małej misce umieść 2 szklanki prażonej kukurydzy; odłożyć na bok.

b) Połącz pozostały popcorn z chipsami kukurydzianymi i orzeszkami ziemnymi.

c) W małym rondlu rozpuść masło z ostrym sosem, selerem i solą; polej mieszanką popcornu i orzeszków ziemnych, delikatnie mieszając, aby się pokryła. Rozłóż na blasze do pieczenia 15x10 cali.

d) Piec w 350'F przez 10 minut. Wyjąć z blachy do pieczenia do dużej miski. Wymieszaj z pozostałymi 2 filiżankami prażonej kukurydzy.

e) Podawaj od razu lub przechowuj w szczelnym pojemniku.

36. Popcorn z Masłem Pekanowym

SKŁADNIKI:

- 8 c Popcorn popcorn (około ⅓ do ½ szklanki nieprażony)
- Nieprzywierająca powłoka w sprayu
- ½ szklanki połamanych orzechów pekan
- 2 łyżki masła
- ⅓c Lekki syrop kukurydziany
- ¼ kubka Błyskawiczny budyń maślany z orzechami pekan Wymieszać
- ¼ łyżeczki wanilii

INSTRUKCJE:

a) Wyrzuć niewyprażone ziarna popcornu.
b) Spryskaj brytfannę o wymiarach 17 x 12 x 2 cale nieprzywierającą powłoką.
c) Umieść prażoną kukurydzę i orzechy pekan na patelni.
d) Trzymaj popcorn w ciepłym piekarniku o temperaturze 300 stopni przez 16 minut, mieszając w połowie pieczenia.
e) Wyjmij blachę z piekarnika.
f) Obróć mieszaninę na duży kawałek folii. Całkowicie ostudzić popcorn.
g) Gdy ostygnie połamać na duże kawałki.
h) Przechowuj resztki popcornu, szczelnie przykryte, w chłodnym, suchym miejscu do 1 tygodnia.

37. Butterscotch Brownies A-Poppin

SKŁADNIKI:

- 1 szklanka ciemnobrązowego cukru, mocno upakowana
- ¼ szklanki oleju roślinnego
- 1 jajko
- 1 łyżeczka wanilii
- ¾ szklanki drobno zmielonego popcornu
- 1 łyżeczka proszku do pieczenia
- ½ łyżeczki soli

INSTRUKCJE:

a) Rozgrzej piekarnik do 350? F (177°C). Nasmaruj masłem 8-calową kwadratową formę do pieczenia.
b) W dużej misce wymieszaj brązowy cukier, olej i jajko na gładką masę.
c) Wymieszaj orzechy i wanilię.
d) Zmieszaj zmielony popcorn, proszek do pieczenia i sól.
e) Dodaj do mieszanki olejowej, dobrze mieszając.
f) Rozłóż równomiernie na wysmarowanej masłem patelni.
g) Piec przez 20 minut lub do zrumienienia.
h) Ciepłe pokroić w kwadraty.
i) Wychodzi 16 brownie.

38. Butterscotch Popcorn Crunch

SKŁADNIKI:

- ½ szklanki popcornu bez popcornu
- 1 szklanka jasnobrązowego cukru zapakowana
- ½ szklanki Lekkiego syropu kukurydzianego
- ½ szklanki masła
- ¼ szklanki chipsów Butterscotch
- 1 łyżeczka ekstraktu waniliowego
- ½ łyżeczki sody oczyszczonej
- ¼ łyżeczki soli
- 2 szklanki prażonych orzechów włoskich

INSTRUKCJE:

a) Rozgrzej piekarnik do 250. Nasmaruj brytfannę 14x10 cali. Popcorn.

b) Umieść orzechy i popcorn w bardzo dużej misce. Zagotuj brązowy cukier, syrop kukurydziany i masło, mieszając, aż cukier się rozpuści.

c) Zmniejsz ogień i gotuj przez 5 minut. Zdjąć z ognia; wymieszaj chipsy toffi, wanilię, sodę oczyszczoną i sól, aż zmieszają się i będą gładkie. Pracuj szybko i za pomocą dwóch drewnianych łyżek polej syropem popcorn i orzechy, wymieszaj, aby dokładnie się pokryły.

d) Wlać mieszaninę na patelnię; piec 45 minut, od czasu do czasu mieszając.

e) Wyjąć z piekarnika, schłodzić masę w blaszce przez około 15 minut. Przełóż masę z patelni na folię, aby całkowicie ostygła.

f) Połam popcorn na mniejsze kawałki; przechowywać w szczelnych pojemnikach w chłodnym i suchym miejscu do 2 tygodni. Wychodzi około 4 kwarty.

39. Cajun Popcorn

SKŁADNIKI:

- $\frac{1}{2}$ szklanki masła, stopionego
- 2 łyżeczki papryki
- 2 łyżeczki przyprawy do pieprzu cytrynowego
- 1 łyżeczka soli
- 1 łyżeczka czosnku w proszku
- 1 łyżeczka cebuli w proszku
- $\frac{1}{4}$ łyżeczki mielonej czerwonej papryki
- 20 filiżanek popcornu

INSTRUKCJE:

a) Rozgrzej piekarnik do 300. W małej misce połącz margarynę, paprykę, pieprz cytrynowy, sól, czosnek w proszku, cebulę w proszku i czerwoną paprykę.

b) Umieść popcorn w dużej blasze do pieczenia; wlać mieszankę masła na popcorn i mieszać, aż dobrze się pokryje. Piecz 15 minut, mieszając co 5 minut.

c) Wyjąć z piekarnika; ostudzić całkowicie. Przechowywać w hermetycznych pojemnikach.

d) Prażona kukurydza zajmuje do 37 razy więcej miejsca niż nieprażona kukurydza

40. Cukierkowe Jabłkowe Kulki Popcornowe

SKŁADNIKI:

- 2 łyżki masła
- 2 łyżki cukru
- 2 łyżki brązowego cukru
- $\frac{1}{4}$ szklanki melasy
- $\frac{1}{4}$ szklanki białego syropu kukurydzianego
- $\frac{1}{4}$ łyżeczki cynamonu
- $\frac{1}{8}$ łyżeczka imbiru
- Ząbki DS
- $\frac{1}{2}$ szklanki popcornu; wyskoczył
- 1 szklanka orzechów włoskich; kotlety, opiekane
- 1 szklanka suszonych jabłek; ciąć małe

INSTRUKCJE:

a) W grubym rondlu umieść masło, cukier, brązowy cukier, melasę, syrop kukurydziany, cynamon, imbir i goździki.

b) Gotuj na umiarkowanym ogniu do 280 ~ na termometrze cukierniczym.

c) Wlać uprażoną kukurydzę, orzechy włoskie i jabłka. Uformować kulki.

41. popcorn karmelowy

SKŁADNIKI:

- 2 szklanki brązowego cukru
- ½ szklanki ciemnego syropu kukurydzianego
- 1 szklanka masła
- 1 łyżeczka ekstraktu waniliowego
- 1 opakowanie Cream of Tartar
- Sól dla smaku
- ½ łyżeczki sody oczyszczonej
- 8 litrów popcornu; wyskoczył

INSTRUKCJE:

a) Połącz cukier, syrop i masło w rondlu.
b) Doprowadzić do wrzenia i gotować 5 minut.
c) Zdejmij z ognia i dodaj wanilię, krem z kamienia nazębnego, sól i sodę oczyszczoną.
d) Mieszaj, aż zmieni kolor na jaśniejszy i zwiększy swoją objętość.
e) Wlej mieszankę na popcorn i wymieszaj.
f) Umieścić w brytfannie.
g) Pieczemy w 200 stopniach przez 1 godzinę mieszając 2-3 razy.
h) Wylać na woskowany papier i odstawić do ostygnięcia.
i) Robi 8 kwart.

42. Popcorn Cheddarowy

SKŁADNIKI:

- ⅔c Nieprażona kukurydza
- ⅓ c Masło
- 1 szklanka drobno startego sera cheddar
- sól i pieprz do smaku

INSTRUKCJE:

a) Popcorn. Stopić masło.
b) Zmiel trochę pieprzu na masło. Zamieszać.
c) Połóż ser na popcornie.
d) Wlać mieszankę masła na wierzch i posolić.

43. wiśniowy popcorn

SKŁADNIKI:

- 2½ ćwiartki prażonej kukurydzy w sprayu o smaku masła
- 1 opakowanie galaretki o smaku wiśniowym

INSTRUKCJE:

a) Umieść popcorn w bardzo dużej misce i lekko spryskaj olejem o smaku maślanym.

b) Posypać galaretką. Wstaw do piekarnika nagrzanego do 350 stopni na pięć minut.

c) Żelatyna lekko się rozpuści i przyklei do popcornu.

44. Kurczak Popcorn

SKŁADNIKI:
- 2-½ łyżki masła
- 1 kostka bulionu z kurczaka
- 2 kwarty popcornu
- Sól dla smaku

INSTRUKCJE:

a) Rozpuść masło na małym ogniu. Kostkę bulionową rozpuść w roztopionym maśle.

b) Skrop popcornem. Dodaj sól do smaku. Robi 2 kwarty.

44. Kurczak Popcorn

SKŁADNIKI:
- 2-½ łyżki masła
- 1 kostka bulionu z kurczaka
- 2 kwarty popcornu
- Sól dla smaku

INSTRUKCJE:

a) Rozpuść masło na małym ogniu. Kostkę bulionową rozpuść w roztopionym maśle.

b) Skrop popcornem. Dodaj sól do smaku. Robi 2 kwarty.

45. Chili Popcorn

SKŁADNIKI:

- 1 łyżeczka soli
- 1 łyżeczka chili w proszku
- ½ łyżeczki czosnku w proszku
- 1 łyżeczka mielonego kminku
- 1 łyżka suszonych płatków cebuli
- pieprz cayenne do smaku
- ½ szklanki popcornu
- Masło do smaku

INSTRUKCJE:

a) Połącz sól, chili w proszku, czosnek w proszku, kminek, płatki cebuli i cayenne i dobrze wymieszaj.
b) Użyj jednej lub dwóch łyżeczek na ½ szklanki kukurydzy, posypanej masłem.
c) Co ma uszy, ale nie słyszy?
d) Łodyga (trzaskającej) kukurydzy.

46. Chińska rozkosz popcornu

SKŁADNIKI:

- 2 1/2 litra popcornu
- 1 szklanka makaronu Chow Mein, opcjonalnie
- ½ szklanki orzeszków ziemnych
- ⅓ szklanki oleju arachidowego
- 2 łyżki sosu sojowego
- 1 łyżeczka proszku pięciu przypraw
- ½ łyżeczki czosnku w proszku
- ½ łyżeczki soli sezamowej lub soli
- ½ łyżeczki mielonego imbiru
- ¼ łyżeczki pieprzu cayenne
- ⅛ łyżeczki cukru

INSTRUKCJE:

a) Utrzymuj popcorn, makaron i orzeszki ziemne w cieple.

b) Połącz pozostałe składniki i dokładnie wymieszaj.

c) Powoli wlej mieszaninę popcornu, mieszając, aby się zmiksowała.

d) Wlać do dużej brytfanny. Podgrzewać w piekarniku o temperaturze 300 stopni Fahrenheita przez 5-10 minut, raz mieszając.

47. Popcorn z Kremem Czekoladowym

SKŁADNIKI:

- 2 kwarty prażonej kukurydzy
- 1 szklanka cukru
- ½ szklanki wody
- ⅓ szklanki syropu kukurydzianego
- ¼ łyżeczki soli
- 3 łyżki Margaryny
- ⅓ c Kawałki czekolady
- 1 łyżeczka ekstraktu waniliowego

INSTRUKCJE:

a) Lekko natłuścić dużą miskę; w nim umieść prażoną kukurydzę. W rondelku wymieszaj cukier, wodę, syrop kukurydziany i sól.

b) Gotuj na umiarkowanym ogniu do 240 stopni F.

c) Dodaj margaryny; kiedy się stopi; dodać czekoladę. Wmieszać wanilię.

d) Powoli wlewaj gorący syrop na prażoną kukurydzę, ciągle mieszając dwoma widelcami.

e) Kontynuuj mieszanie, aż kukurydza zostanie pokryta, a syrop straci połysk.

f) Gdy mieszanina jest chłodna; przechowywać w szczelnie zamkniętych pojemnikach.

48. Kwadraty Popcornu Oszklone Czekoladą

SKŁADNIKI:

- 1 szt. Popcorn poprażony w kuchence mikrofalowej
- 2 łyżki masła
- 10 ½ uncji Mini pianki
- ¼ szklanki Czekolada gotowa do smarowania - lukier
- ½ szklanki solonych orzeszków ziemnych
- ⅓ c Czekolada gotowa do smarowania - lukier

INSTRUKCJE:

a) Nasmaruj patelnię 9x13 cali.
b) Wyjmij i wyrzuć niewyprane ziarna z popcornu.
c) Umieść masło w 4-litrowej misce przeznaczonej do podgrzewania w kuchence mikrofalowej.
d) Mikrofale, bez przykrycia, na WYSOKIEJ mocy przez około 30 sekund lub do momentu stopienia.
e) Mieszaj pianki i lukier, aż pianki zostaną pokryte.
f) Mikrofale, bez przykrycia, 2-3 minuty, mieszając co minutę, aż mieszanina będzie gładka.
g) Złóż orzeszki ziemne i popcorn, aż się pokryją.
h) Wciśnij mieszaninę na patelnię.
i) Posmarować polewą czekoladową; Fajny.
j) Pokroić w batony.
k) LAWA CZEKOLADOWA: Umieść gotowy do rozsmarowania lukier w małej misce przeznaczonej do podgrzewania w kuchence mikrofalowej.
l) Mikrofale, na HIGH, około 30 sekund lub do momentu stopienia.

49. Cynamonowo-jabłkowy popcorn

SKŁADNIKI:

- 2 szklanki posiekanych suszonych jabłek
- 10 filiżanek popcornu
- 2 szklanki połówek orzechów pekan
- 4 łyżki stopionego masła
- 1 łyżeczka cynamonu
- $\frac{1}{4}$ łyżeczki gałki muszkatołowej
- 2 łyżki brązowego cukru
- $\frac{1}{4}$ łyżeczki ekstraktu waniliowego

INSTRUKCJE:

a) Rozgrzej piekarnik do 250 stopni. Umieść jabłka w dużej płytkiej blasze do pieczenia. Piec 20 minut. Wyjmij patelnię z piekarnika i wymieszaj z popcornem i orzechami.
b) W małej misce połącz pozostałe składniki.
c) Skropić mieszaninę masła nad mieszanką popcornu, dobrze mieszając. Pieczemy 30 min, mieszając co 10 min.
d) Wylać na woskowany papier do ostygnięcia. Przechowywać w hermetycznych pojemnikach.
e) Miesza 14 filiżanek.

50. Krówki Kakaowe

SKŁADNIKI:

- 2 szklanki cukru
- 2 kostki niesłodzonej czekolady
- $\frac{1}{4}$ szklanki słodzonego skondensowanego mleka
- $\frac{3}{4}$ szklanki wody
- $1\frac{1}{2}$ szklanki prażonej kukurydzy, posiekanej
- 1 łyżka masła
- Wanilia
- $\frac{1}{8}$ łyżeczki soli

INSTRUKCJE:

a) Czekoladę rozpuścić w rondelku. Dodaj cukier, mleko, wodę, masło i sól.

b) Gotuj do miękkiej kuli (234 - 238 F). Zdjąć z ognia. Dodaj aromat i prażoną kukurydzę.

c) Schłodzić do temperatury pokojowej. Mieszaj, aż uzyskasz kremową konsystencję. Wlać do dobrze wysmarowanej masłem, płytkiej patelni. Pokrój w kwadraty.

51. Popcorn z orzechami kokosowymi

SKŁADNIKI:

- 16 filiżanek popcornu
- 1 opakowanie Lukier kokosowo-pekanowy
- ½ szklanki masła
- ¼ szklanki Lekki syrop kukurydziany ⅓ szklanki Woda
- ½ łyżeczki soli
- ½ łyżeczki sody oczyszczonej

INSTRUKCJE:

a) Rozgrzej piekarnik do 200 F. Podziel popcorn na 2 nienatłuszczone prostokątne patelnie. Podgrzać mieszankę do lukier (suchą), margarynę, syrop kukurydziany, wodę i sól, od czasu do czasu mieszając, aż wokół brzegów pojawią się bąbelki.

b) Kontynuuj gotowanie na średnim ogniu przez 5 minut, od czasu do czasu mieszając. Zdjąć z ognia. Mieszaj sodę oczyszczoną, aż się spieni.

c) Polać popcornem. Mieszaj, aż dobrze się pokryje. Piec 1 godzinę, mieszając co 15 minut. Przechowywać w hermetycznych pojemnikach. Robi 16 filiżanek.

52. Kokosowe Ciasto Popcornowe

SKŁADNIKI:

- 2 kwarty popcornu, niesolonego
- 1 puszka (4 uncje) płatków kokosowych, prażonych
- 1 szklanka cukru
- 1 szklanka jasnego syropu kukurydzianego
- $\frac{1}{2}$ szklanki masła
- $\frac{1}{4}$ szklanki wody
- 2 łyżeczki soli
- 1 łyżeczka wanilii
- 1 kwarta lodów waniliowych, spumoni lub maślanych lodów pekanowych
- Słodzone świeże lub rozmrożone mrożone owoce lub sos czekoladowy

INSTRUKCJE:

a) Wymieszaj popcorn i kokos w dużej misce posmarowanej masłem.

b) Połącz cukier, syrop, masło lub margarynę, wodę i sól w rondlu.

c) Doprowadzić do wrzenia na małym ogniu, mieszając, aż cukier się rozpuści. Kontynuuj gotowanie, aż syrop osiągnie stan twardego pęknięcia (290-295 stopni Fahrenheita). Wmieszać wanilię.

d) Wlej syrop cienkim strumieniem na mieszankę popcornu; mieszaj, aż cząstki równomiernie pokryją się syropem.

e) Obróć połowę mieszanki popcornu na posmarowaną masłem 12-calową patelnię do pizzy; rozsmarować cienką warstwą pokrywającą dno naczynia.

f) Podzielić na porcje w kształcie klina. Powtórz, używając pozostałej mieszanki popcornu; Fajny. Przykryj jedną warstwę lodami; wierzch drugą warstwą popcornu.

g) Przechowywać w zamrażarce. Aby podać, pokrój w kliny.

h) Podawać bez dodatków lub z wybranymi owocami lub sosem.

53. krakersy

SKŁADNIKI:

- 1 szklanka melasy
- 1 szklanka cukru
- 3 kwarty prażonej kukurydzy
- ½ łyżeczki soli
- 1 łyżka masła Roztopić masło.

INSTRUKCJE:

a) Dodaj cukier, sól i melasę. zagotować do twardego pęknięcia (285 - 290 F).

b) Zalać kukurydzę, mieszać podczas nalewania. Rozłóż cienkimi warstwami do ostygnięcia.

c) Rozbić na kawałki.

54. Żurawinowe Kulki Popcornowe

SKŁADNIKI:

- 2 szklanki cukru
- 1 szklanka mrożonego relishu żurawinowo-pomarańczowego
- ½ szklanki soku żurawinowego
- ½ szklanki jasnego syropu kukurydzianego
- 1 łyżeczka octu ½ łyżeczki soli
- 5 kwart niesolonego popcornu

INSTRUKCJE:

a) Połącz wszystkie składniki, z wyjątkiem popcornu, w ciężkim rondlu. Doprowadzić do wrzenia; zmniejsz ogień i gotuj do 250 stopni Fahrenheita na termometrze do cukierków. Mieszanka będzie bulgotać na patelni, więc uważaj, aby się nie zagotowała. Wlewaj powoli na gorący popcorn i mieszaj, aż będzie dobrze pokryty. Odstaw na 5 minut lub do momentu, aż z mieszaniny będzie można łatwo uformować kulki. Ręce posmarować masłem i uformować 3-calowe kulki.

55. Curry Parmezan Popcorn

SKŁADNIKI:

- ½ szklanki masła, stopionego
- ⅓ szkl tartego parmezanu
- ½ łyżeczki soli
- ¼ łyżeczki curry w proszku
- 12 filiżanek popcornu (już wyprażony)

INSTRUKCJE:

a) Wymieszaj margarynę, ser, sól i curry w proszku.
b) Popcorn do polewania; kaszel

56. Pijane Kulki Popcornu

SKŁADNIKI:

- 2 kwarty popcornu
- ½ szklanki suchej mieszanki whisky kwaśnej (2 opakowania indywidualnej mieszanki napoju)
- ½ szklanki) cukru
- ¼ łyżeczki soli
- ¼ szklanki lekkiego syropu kukurydzianego
- ½ szklanki wody
- ½ łyżeczki octu

INSTRUKCJE:

a) Rozgrzej piekarnik do 250. Umieść popcorn w dużej, głębokiej na 4 cale, wysmarowanej masłem blasze do pieczenia. Trzymaj się ciepło.

b) Połącz pozostałe składniki w dużym rondlu. Gotuj, aż mieszanina osiągnie 250 na termometrze cukierniczym. Wyjmij popcorn z piekarnika. Wlać mieszaninę syropu na popcorn.

c) Dobrze wymieszaj i uformuj!!

57. Owocowy Popcorn Zapiekany

SKŁADNIKI:

- 7 filiżanek Gotowanego Popcornu
- 1 szklanka kawałków orzechów pekan
- $\frac{3}{4}$ szklanki Kandyzowane czerwone wiśnie pokrojone
- $\frac{3}{4}$ szklanki brązowego cukru pakowane
- 6 łyżek masła
- 3 łyżki Lekki syrop kukurydziany
- $\frac{1}{4}$ łyżeczki sody oczyszczonej
- $\frac{1}{4}$ łyżeczki wanilii

INSTRUKCJE:

a) Usuń wszystkie niewypakowane ziarna z popcornu. Na blasze do pieczenia o wymiarach 17x12x12 cali połącz popcorn, orzechy pekan i wiśnie. W 1-litrowym rondlu połącz brązowy cukier, masło i syrop kukurydziany.

b) Gotuj i mieszaj na średnim ogniu, aż masło się roztopi i mieszanina zagotuje. Gotuj na małym ogniu jeszcze 5 minut.

c) Zdjąć z ognia. Wymieszaj sodę oczyszczoną i wanilię.

d) Wlać mieszankę na popcorn; delikatnie wymieszaj, aby pokryć mieszankę popcornu.

e) Piec w 300 ~ piekarniku przez 15 minut; zamieszać.

f) Piec jeszcze 5-10 minut. Usuń popcorn do dużej miski, ostudź

58. Owocowe ciasteczka z popcornem

SKŁADNIKI:

- 1 szklanka drobno zmielonej prażonej kukurydzy
- 1 szklanka cukru
- 1 szklanka Drobno pokrojonych suszonych owoców, dowolnego rodzaju
- ½ szklanki stopionego tłuszczu piekarskiego
- ¼ szklanki słodzonego skondensowanego mleka
- ¼ szklanki wody
- 1 Jajko, dobrze ubite
- 1 szklanka mąki
- 1 szklanka mąki kukurydzianej
- 1 łyżeczka soli
- 1½ łyżeczki gałki muszkatołowej
- 4 łyżeczki proszku do pieczenia

INSTRUKCJE:

a) Mąkę przesiej, odmierz i przesiej z proszkiem do pieczenia, gałką muszkatołową, solą i mąką kukurydzianą. Połącz cukier skracający. Dodaj jajko.

b) Dodaj mleko i wodę. Dokładnie wymieszać. Dodaj mieszankę mąki, prażoną kukurydzę i suszone owoce.

c) Dokładnie wymieszać. Przełożyć na lekko posypaną mąką deskę. Zwinąć w arkusz o grubości ⅓ cala. Kroić oprószoną mąką krajalnicą. Ułożyć na lekko naoliwionej blasze. Piec w gorącym piekarniku (425F) 10-12 minut.

59. Czosnkowe Cheddar Popcorn Kulki

SKŁADNIKI:

- 50 ząbków świeżego czosnku
- 2 łyżeczki soli
- 4c Rozdrobniony ser Cheddar
- 5 litrów prażonej kukurydzy

INSTRUKCJE:

a) Czosnek obrać i posiekać z solą, aby się nie skleiły i wchłonęły sok czosnkowy. Czosnek wymieszać z serem. W dużej szklanej lub plastikowej misce ułóż naprzemienne warstwy prażonej kukurydzy i mieszanki czosnkowo-serowej, pokrywając popcorn tak równomiernie, jak to możliwe, szczególnie na krawędzi miski.

b) Włóż do kuchenki mikrofalowej i gotuj przez 1 minutę. Delikatnie potrząśnij miską; obrócić o 180 stopni i gotować jeszcze 1 minutę. Nie rozgotowuj. Natychmiast wyłóż na blachę i szybko uformuj kulki wielkości śliwki. Ułóż kulki na arkuszach woskowanego papieru. Robi 4 tuziny kulek popcornu.

60. Złote Kwadraty Popcornu

SKŁADNIKI:

- 2 szklanki cukru
- ½ szklanki syropu light
- 1 szklanka gorącej wody
- ¼ łyżeczki soli

INSTRUKCJE:

a) Gotuj do miękkiej kuli. Dodaj wanilię i sok z cytryny.

b) Wlej 5 litrów popcornu, podgrzanego z 1 szklanką orzeszków ziemnych lub 1 szklanką mięsa z orzecha włoskiego.

c) Zalać gorącym syropem.

d) Mieszaj i rozprowadzaj. Pokrojone w kwadraty.

61. Granola Crunch Popcorn

SKŁADNIKI:
- ¼ szklanki masła
- 3 łyżki miodu
- 3 łyżki brązowego cukru
- ½ szklanki popcornu
- 1 szklanka prażonych orzechów
- 1 szklanka płatków owsianych
- 1 szklanka prażonych wiórków kokosowych
- 1 szklanka rodzynek

INSTRUKCJE:

a) W grubym rondlu umieść masło, miód i brązowy cukier.

b) Gotuj na umiarkowanym ogniu, aż się roztopi.

c) Posyp uprażoną kukurydzą, orzechami, płatkami owsianymi, kokosem i rodzynkami.

d) Pieczemy w 300~ przez 30 minut.

62. Batony z popcornem granola

SKŁADNIKI:

- 2 kwarty popcornu
- 1 szklanka miodu
- 2 szklanki owsa
- 1 szklanka rodzynek
- ½c Posiekane daktyle
- 1 szklanka posiekanych suchych prażonych orzeszków ziemnych

INSTRUKCJE:

a) Podgrzej miód w rondlu, aż zgęstnieje i łatwo się rozleje.

b) Umieść popcorn, płatki owsiane, rodzynki i orzechy w dużej misce i mieszaj, aż się połączą.

c) Całość zalewamy miodem i mieszamy drewnianą łyżką.

d) Wciśnij do natłuszczonej formy 9x13 cali, przykryj folią i schładzaj przez kilka godzin. Mocno dociśnij mieszankę przed pokrojeniem na batony.

e) Robi 12.

63. Popcorn żniwny/jesienny

SKŁADNIKI:

- ⅓ szklanki roztopionego masła
- 1 łyżeczka suszonego koperku
- 1 łyżeczka marynaty z pieprzu cytrynowego
- 1½ łyżeczki sosu Worcestershire
- ½ łyżeczki cebuli w proszku
- ½ łyżeczki czosnku w proszku
- ½ łyżeczki soli
- 2 litry popcornu
- 2 szklanki skromnych ziemniaków
- 1 szklanka mieszanych orzechów

INSTRUKCJE:

a) Połącz pierwsze 7 składników i dobrze wymieszaj. Dodaj inne składniki.

b) Wrzuć / Wstrząśnij, aż dobrze się wymiesza.

c) Rozłóż na blasze do ciastek.

d) Piec w nagrzanym piekarniku 350 przez 6-10 minut lub do lekkiego zbrązowienia, raz mieszając. Cieszyć się!!!

64. Hawajska mieszanka popcornu

SKŁADNIKI:
- 3 szklanki płatków Honey Graham
- 1 szklanka solonych orzeszków ziemnych
- 1 szklanka rodzynek
- 1 szklanka suszonych chipsów bananowych
- 2 łyżki margaryny lub masła
- 2 łyżki miodu
- $\frac{1}{2}$ łyżeczki cynamonu
- $\frac{1}{4}$ łyżeczki soli
- 4 filiżanki Popcorn popcornu
- 1 szklanka płatków kokosowych

INSTRUKCJE:
a) Rozgrzej piekarnik do 300F.
b) Wymieszaj płatki zbożowe, orzeszki ziemne, rodzynki i chipsy bananowe na patelni z galaretką.
c) Podgrzej margarynę i miód w rondelku na małym ogniu, aż margaryna się rozpuści.
d) Wymieszaj z cynamonem i solą. Wlać mieszankę zbożową.
e) Wrzucić do równomiernego pokrycia. Piec 10 minut, raz mieszając. Wymieszaj z popcornem i kokosem.
f) W razie potrzeby posyp dodatkową solą. Przechowywać w hermetycznych pojemnikach. Robi 10 filiżanek.

65. Niebiański popcorn z haszyszem

SKŁADNIKI:

- ¼ szklanki masła
- 1 szklanka chipsów czekoladowych
- 1 szklanka prażonych orzechów pekan
- 6 filiżanek popcornu
- 4 szklanki Miniaturowych pianek marshmallow

INSTRUKCJE:

a) W grubym rondlu umieść masło, czekoladę i orzechy pekan.

b) Gotuj na umiarkowanym ogniu, aż się roztopi, często mieszając, aby się nie przypaliła. Wlać prażoną kukurydzę i pianki marshmallow.

c) Dobrze wymieszać. Rozsmarować na wysmarowanej masłem blaszce i schłodzić w lodówce.

d) W przypadku wariacji możesz zastąpić kawałki toffi lub użyć gorzkiej czekolady. Kawałki białej czekolady zamiast chipsów tworzą ładne białe cukierki, które można pokolorować i uformować w kształtne foremki do ciasta. Aby uzyskać bardziej pikantny smak, można również użyć jogurtowej polewy cukierkowej.

66. Świąteczne Kulki Popcornu

SKŁADNIKI:

- ½ cz syropu Karo
- 1 1/2 pt Brązowy cukier
- 2 łyżki masła
- 1 łyżeczka octu
- ½ łyżeczki sody oczyszczonej
- około 6 litrów popcornu

INSTRUKCJE:

a) Podgrzewaj mieszaninę, aż stwardnieje po wrzuceniu do wody.
b) Przesuń się na tył kuchenki, dodaj sodę oczyszczoną rozpuszczoną w 1 łyżce wody i zagotuj francuski popcorn.
c) Zrobi około 3 tuziny kulek.

67. Popcorn miodowo-pekanowy

SKŁADNIKI:

- 3 litry prażonej kukurydzy (bez ziaren)
- 2 szklanki połówek pekanów
- ½ szklanki miodu
- ½ szklanki masła lub margaryny
- 1 łyżeczka wanilii

INSTRUKCJE:

a) Rozgrzej piekarnik do 350 stopni F.
b) Połącz popcorn i orzechy w dużej żaroodpornej misce; odłożyć na bok.
c) Połącz masło, miód i wanilię w małym rondlu.
d) Gotuj na średnim ogniu, aż masło się rozpuści.
e) Wlać mieszaninę miodu na mieszankę popcornu.
f) Mieszaj, aż się połączą. Podziel mieszaninę i umieść na 2 blachach do pieczenia.
g) Piec 15 minut, mieszając co 5 minut, aż do uzyskania jasnozłotego koloru.

68. Popcorn z gorącą musztardą

SKŁADNIKI:

- 2 litry prażonej kukurydzy w $\frac{1}{4}$ szklanki oleju
- 1 łyżeczka musztardy (suchej)
- $\frac{1}{2}$ łyżeczki tymianku
- $\frac{1}{4}$ łyżeczki mielonego czarnego pieprzu

INSTRUKCJE:

a) Trzymaj popcorn w cieple.
b) Mieszamy razem przyprawy.
c) Dodać do popcornu i dokładnie wymieszać.

69. Lody Popcornwiche

SKŁADNIKI:

- 2 1/2 litra popcornu
- 1½ szklanki jasnego brązowego cukru
- ¾ szklanki ciemnego syropu kukurydzianego
- ½ szklanki masła
- 1 łyżka octu
- ½ łyżeczki soli
- 16-uncjowe kawałki czekolady w opakowaniu
- ½ szklanki posiekanych orzechów włoskich
- 2 pinty ceglastych lodów waniliowych.

INSTRUKCJE:

a) Trzymaj popcorn w cieple. W trzykwartowym rondlu połącz brązowy cukier, syrop kukurydziany, masło, ocet i sól. Gotować i mieszać, aż cukier się rozpuści.

b) Kontynuuj gotowanie aż do etapu twardej kuli (250 stopni Fahrenheita na termometrze cukierkowym). Wlej syrop na popcorn; żelazko do płaszcza.

c) Dodaj kawałki czekolady i orzechy; mieszać tylko do wymieszania. Wlać do dwóch patelni o wymiarach 13 x 9 x 2 cale, dobrze rozprowadzając i pakując.

d) Fajny. Na każdej blaszce wytnij 12 prostokątów. Każdy litr lodów pokroić na 6 kawałków. Lody kanapkowe między dwoma prostokątami popcornu.

70. Jamajski popcorn

SKŁADNIKI:

- 3 łyżki masła
- 1 łyżka mielonego kminku
- 1 łyżka cukru
- ½ łyżki suszonych płatków czerwonej papryki
- 8c Prażona kukurydza

INSTRUKCJE:

a) W ciężkim rondlu rozpuść masło nad med. ciepło.
b) Wymieszaj pozostałe składniki oprócz popcornu.
c) Gotować, ciągle mieszając, aż cukier się rozpuści.
d) Zalej popcornem; wrzucić do równomiernego pokrycia.
e) Służy na raz.

71. Jelly Bean Popcorn Niebo

SKŁADNIKI:

- 6 - 8 filiżanek popcornu
- 1 słoik (7 uncji) kremu marshmallow
- $\frac{1}{2}$ szklanki masła orzechowego
- 1 szklanka małych żelek

INSTRUKCJE:

a) Wymieszaj krem marshmallow i masło orzechowe w dużej misce.
b) Wymieszaj popcorn i żelki, aż równomiernie się pokryją.
c) Wciśnij mieszaninę do nasmarowanej 9-calowej kwadratowej formy do pieczenia.
d) Przechowywać w lodówce do stężenia, około 4 godzin. Pokrój w kwadraty.

72. Popcorn z dżungli

SKŁADNIKI:

- 8 filiżanek popcornu
- ½ szklanki miodu
- ½ szklanki masła
- 1 łyżeczka cynamonu
- 1 małe pudełko krakersów ze zwierzętami

INSTRUKCJE:

a) Rozgrzej piekarnik do 300 stopni. Umieść popcorn w dużej wysmarowanej tłuszczem brytfannie. Rozpuść miód, masło i cynamon w rondelku na małym ogniu. Skropić miodową mieszanką nad popcornem. Dokładnie wymieszaj, aby pokryć.

b) Piecz 10-15 minut, mieszając co 5 minut.

c) Wyjąć z piekarnika. Umieścić w dużej misce i ostudzić. Wrzucić zwierzęce krakersy.

d) Metoda mikrofalowa: Umieść miód, masło i cynamon w szklanej miarce na 2 filiżanki. Mikrofale na wysokich obrotach, aż się roztopią. Kontynuuj jak wyżej.

73. Pralinki Kemtuky Popcorn

SKŁADNIKI:

- 4 kwarty popcornu lekkiego solonego popcornu
- 2 szklanki posiekanych pekanów
- ¾ szklanki masła
- ¾ szklanki brązowego cukru

INSTRUKCJE:

a) W misce lg lub brytfannie wymieszaj popcorn i orzechy pekan.

b) Połącz masło i brązowy cukier w rondlu. Podgrzać, mieszając mieszankę popcornu.

c) Dobrze wymieszaj, aby pokryć.

74. Popcorn Crunch dla dzieci

SKŁADNIKI:

- 1 szklanka cukru pudru
- 3 łyżki wody
- 1 łyżka masła
- odrobina soli
- 2-3 krople barwnika spożywczego

INSTRUKCJE:

a) Wymieszaj składniki do miękkiej kuli (225 F) na termometrze do cukierków.

b) Wlej jedną porcję popcornu (około 8-10 filiżanek), szybko i dobrze wymieszaj.

c) Jeśli rozgotujesz, będzie miał bardziej ziarnistą konsystencję cukru.

75. popcorn cytrynowy

SKŁADNIKI:

- ¼ szklanki oleju kukurydzianego
- ¾ szklanki prażonej kukurydzy
- Skórka otarta z 1 cytryny
- Sól
- 2 łyżki soku z cytryny
- 2 łyżki stopionego masła

INSTRUKCJE:

a) W dużym, ciężkim garnku rozgrzej olej kukurydziany na dużym ogniu, aż zacznie dymić. Dodaj 1 ziarno kukurydzy i podgrzewaj, aż pęknie.

b) Dodaj resztę prażonych ziaren kukurydzy, przykryj garnek i delikatnie potrząśnij, aż kukurydza zacznie pękać. Wstrząsnąć energicznie, aż pękanie ustanie.

c) Zdjąć z ognia. Wymieszaj sok z cytryny z roztopionym masłem.

d) Wrzuć popcorn ze skórką z cytryny, solą i masłem/sok z cytryny.

76. Popcorn z lukrecji

SKŁADNIKI:

- 16 filiżanek popcornu
- 1 szklanka cukru
- ¼ szklanki brązowego cukru
- ¼ szklanki wody
- ½ szklanki Lekkiego syropu kukurydzianego
- ¼ szklanki masła
- ½ łyżeczki sody oczyszczonej
- ½ łyżeczki ekstraktu z anyżu
- 1 łyżka czarnego barwnika spożywczego

INSTRUKCJE:

a) Umieść popcorn w dużej wysmarowanej masłem blasze do pieczenia. Umieść cukry, wodę i syrop kukurydziany w ciężkim rondlu na średnim ogniu i wymieszaj.

b) Po zagotowaniu mieszanki zeskrobać boki patelni.

c) Umieść termometr cukierniczy na patelni i gotuj bez dalszego mieszania do 250 F. Zdejmij patelnię z ognia i wymieszaj z masłem, sodą oczyszczoną, ekstraktem anyżu i barwnikiem spożywczym.

d) Wlać popcorn, dobrze wymieszać. Piecz bez przykrycia przez 1 godzinę, od czasu do czasu mieszając. Po schłodzeniu przechowywać w hermetycznych pojemnikach.

77. Niespodzianka LolliPopCorn

SKŁADNIKI:

- 7c Prażona kukurydza
- 3 c Miniaturowe pianki marshmallow
- 2 łyżki masła
- ¼ łyżeczki soli
- Kolor jedzenia
- 8 lizaków

INSTRUKCJE:

a) Odmierz prażoną kukurydzę do dużej, posmarowanej masłem miski.

b) Podgrzej pianki, masło i sól na małym ogniu, często mieszając, aż się roztopią i będą gładkie.

c) Dodaj barwnik spożywczy.

d) Wlać prażoną kukurydzę i delikatnie wymieszać.

e) Uformuj wokół lizaków 3-calowe kulki.

78. Ciasteczka Mac Corn Roon

SKŁADNIKI:
- 1 szklanka prażonego popcornu (usunąć wszystkie twarde ziarna)
- 1 szklanka drobno posiekanych orzechów włoskich
- 3 Białka jaj
- 1 szklanka cukru pudru
- $\frac{3}{4}$ łyżeczki wanilii

INSTRUKCJE:
a) Umieść popcorn w blenderze i drobno posiekaj. Wymieszaj w misce z orzechami.

b) Białka ubijamy na sztywną pianę, następnie dodajemy cukier i ubijamy na sztywną pianę.

c) Dodaj wanilię i ostrożnie wymieszaj z popcornem i orzechami.

d) Nakładać łyżką na lekko naoliwioną blachę. Piec w nagrzanym piekarniku do 300 stopni przez 30 do 35 minut.

79. Klonowane Kwadraty Kukurydziane

SKŁADNIKI:

- 1 szklanka cukru klonowego lub brązowego
- ¼ szklanki syropu klonowego
- ½ szklanki wody
- 1 łyżeczka soli
- 1 łyżka masła
- 1 kwarta prażonej kukurydzy

INSTRUKCJE:

a) Ugotuj cukier, syrop, wodę i sól do 280 (kruche).

b) Dodaj masło i gotuj powoli do 294 stopni.

c) W międzyczasie grubo zmielić prażoną kukurydzę przez maszynkę do mięsa lub drobno posiekać.

d) Gdy syrop się zagotuje, zdejmij z ognia i wymieszaj z popcornem. Wylać na wysmarowaną tłuszczem blachę do galaretek.

e) Rozwałkuj naoliwionym wałkiem. Pokrój w kwadraty lub paski.

80. popcorn z pianki marshmallow

SKŁADNIKI:

- 8 filiżanek popcornu
- 1 szklanka dmuchanych płatków ryżowych
- 3 łyżki masła
- 7-uncjowe słoiki kremów z pianki marshmallow

INSTRUKCJE:

a) Połącz popcorn i płatki zbożowe w dużej, natłuszczonej misce. Rozpuść masło w średniej patelni na małym ogniu. Zdjąć z ognia. Wymieszaj z kremem marshmallow. Polać mieszanką popcornu. Mieszaj, aby równomiernie pokryć. Wciśnij mieszaninę do nasmarowanej 9-calowej kwadratowej formy do pieczenia. Przechowywać w lodówce do twardości, około czterech godzin. Pokroić w batony.

81. Popcorn Grzybowy

SKŁADNIKI:
- ½ szklanki masła
- 1 łyżka suszonych płatków cebuli
- 1 łyżka suszonych płatków papryki
- Kilka suszonych grzybów pokrojonych na małe kawałki
- ½ szklanki popcornu
- Sól

INSTRUKCJE:

a) W ciężkim rondelku roztapiamy masło. Dodaj płatki cebuli, płatki papryki i suszone grzyby. Mieszaj na umiarkowanym ogniu przez kilka minut. Zalać prażoną kukurydzą. Dodać sól.

82. Nacho Popcorn

SKŁADNIKI:
- 3 litry popcornu
- 2 szklanki chipsów kukurydzianych
- ¼ szklanki masła
- 1 1/2 łyżeczki przyprawy meksykańskiej
- ¾ szklanki Ser, taco, rozdrobniony

INSTRUKCJE:
a) Rozgrzej piekarnik do 300 F. Rozłóż popcorn i chipsy kukurydziane na płytkiej blasze do pieczenia wyłożonej folią. Rozpuść masło na małej patelni. Wymieszaj przyprawę meksykańską. Wlać mieszankę popcornu i dobrze wymieszać.

b) Posyp serem i wymieszaj. Piec 5 do 7 minut, aż ser się roztopi.

c) Służy na raz.

83. Pomarańczowy kandyzowany popcorn

SKŁADNIKI:

- ⅔ szklanki soku pomarańczowego
- 1 ¼ szklanki cukru
- ⅛ szklanki Białego syropu kukurydzianego
- 1 pomarańcza; skórka wdzięczności
- ½ szklanki popcornu

INSTRUKCJE:

a) W grubym rondlu umieść sok pomarańczowy, cukier, syrop kukurydziany i skórkę.
b) Gotuj na umiarkowanym ogniu do 280 ~ na termometrze cukierniczym.
c) Zalać prażoną kukurydzą.

84. Parmezanowy Szczypiorkowy Popcorn

SKŁADNIKI:

- ⅔ c Popcorn
- ⅓ c Masło
- ½ szklanki świeżego szczypiorku
- 1 szklanka drobno startego parmezanu
- sól i pieprz

INSTRUKCJE:

a) Popcorn. Stopić masło. Zmiel pieprz na masło (tyle, ile chcesz).

b) Posiekaj szczypiorek i posyp nim wierzch popcornu razem z tartym serem.

c) Skrop mieszanką masła popcorn i sól.

85. Popcorn z masłem orzechowym

SKŁADNIKI:

- 2 kwarty prażonej kukurydzy
- ½ szklanki) cukru
- ½ szklanki lekkiego syropu kukurydzianego
- ½ szklanki masła orzechowego
- ½ łyżeczki wanilii

INSTRUKCJE:

a) Połącz cukier i syrop kukurydziany.
b) Gotować do wrzenia.
c) Zdjąć z ognia.
d) Dodaj masło orzechowe i wanilię.
e) Mieszaj, aż masło orzechowe się rozpuści.
f) Wlać popcorn i mieszać, aż będzie dobrze pokryty.

86. Kubki do popcornu z masłem orzechowym

SKŁADNIKI:

- 2 kwarty popcornu
- 1 szklanka jasnego syropu kukurydzianego
- ¾ szklanki kremowego masła orzechowego
- ¼ szklanki półsłodkich kawałków czekolady
- Małe kubki z masłem orzechowym, czekoladowe gwiazdki, mini-czekoladki w polewie cukierkowej, orzeszki ziemne w polewie cukierkowej

INSTRUKCJE:

a) Umieść popcorn w dużej misce. Podgrzej syrop kukurydziany w małym rondlu do wrzenia; gotować 3 minuty.

b) Zdjąć z ognia. Wymieszaj masło orzechowe i kawałki czekolady, aż będą prawie gładkie. Wlać mieszaninę syropu na popcorn; dobrze wrzucić do płaszcza.

c) Pozostaw do ostygnięcia na około 8 minut.

d) Używając czubatej łyżki stołowej, uformuj mieszankę popcornu w kulę.

e) Lekko spłaszczyć i kciukiem zrobić wgłębienie na środku.

f) Ułożyć na lekko wysmarowanej masłem blaszce wyłożonej papierem do pieczenia. Napełnij każdy środek wybranymi dodatkami.

g) Przechowywać w szczelnie zamkniętych pojemnikach.

87. Miętowy Cukierkowy Popcorn

SKŁADNIKI:

- ½ szklanki wody
- 1 szklanka cukru
- 3/8 szklanki białego syropu kukurydzianego
- 1 łyżka masła
- Olejek z mięty pieprzowej
- 2 krople Barwnik spożywczy
- ½ szklanki popcornu – prażonego

INSTRUKCJE:

a) W grubym rondlu umieść wodę, cukier, syrop kukurydziany i masło.

b) Gotuj na umiarkowanym ogniu do 280 ~ na termometrze cukierniczym.

c) Dodaj olej do smaku i barwnik spożywczy.

d) Dobrze wymieszaj i zalej uprażoną kukurydzę.

88. pieprzny popcorn

SKŁADNIKI:

- 2 łyżki oleju kukurydzianego
- 2 ząbki czosnku, rozcięte
- Sól
- Pieprz mielony
- 2 łyżki masła, stopionego
- 2 łyżki oliwy z oliwek
- ¾ szklanki prażonej kukurydzy
- 1 ząbek czosnku, posiekany
- ¼ łyżeczki pieprzu cayenne
- ¼ szklanki ostrego sosu paprykowego

INSTRUKCJE:

a) W dużym, ciężkim garnku podgrzej olej kukurydziany i oliwę z oliwek na dużym ogniu, aż olej zacznie dymić.

b) Dodaj 1 ziarno kukurydzy i podgrzewaj, aż pęknie.

c) Dodaj rozcięte ząbki czosnku i resztę prażonej kukurydzy, przykryj garnek i delikatnie potrząśnij, aż kukurydza zacznie strzelać.

d) Wstrząsnąć energicznie, aż pękanie ustanie.

e) Zdjąć z ognia. Usuń czosnek.

f) Wymieszaj ostry sos paprykowy z roztopionym masłem.

g) Wrzuć popcorn z mielonym czosnkiem, cayenne, czarnym pieprzem, solą i ostrą papryką/masłem.

89. Popcorn Pesto

SKŁADNIKI:

- Popcorn 5 kwartowy
- ½ szklanki roztopionego masła
- 1 łyżka suszonych liści bazylii, pokruszonych
- 1 łyżeczka suszonej pietruszki, posiekanej
- 1 łyżeczka czosnku w proszku
- ⅓ szklanki parmezanu
- ½ szklanki orzeszków piniowych

INSTRUKCJE:

a) Włóż popcorn do dużej miski i trzymaj w cieple.

b) W małym rondlu rozpuść masło; dodać bazylię, natkę pietruszki, czosnek, parmezan i orzechy. Mieszaj, aby wymieszać.

c) Wlać popcorn, dobrze mieszając.

90. Popcorn Pina Colada

SKŁADNIKI:

- 8c Prażona kukurydza
- 2 łyżki masła
- ⅓c Lekki syrop kukurydziany
- ¼ szklanki Natychmiastowego Budyniu Kokosowego
- ¾ łyżeczki ekstraktu z rumu
- ½ szklanki suszonego lub kandyzowanego ananasa pokrojonego w kostkę
- ½ szklanki kokosa, prażonych

INSTRUKCJE:

a) Aby upiec kokos, rozłóż go cienką warstwą na płytkiej blasze do pieczenia. Piec w piekarniku nagrzanym do 250 stopni przez 6 do 7 minut lub do jasnobrązowego, często mieszając.

b) Usuń wszystkie niewypakowane ziarna z popcornu.

c) Umieść popcorn w wysmarowanej masłem blasze do pieczenia o wymiarach 17 x 12 x 2 cale. Utrzymuj popcorn w cieple w piekarniku o temperaturze 300 stopni podczas przygotowywania powłoki. W małym rondelku roztapiamy masło lub margarynę.

d) Zdjąć rondel z ognia. Wymieszaj syrop kukurydziany, mieszankę budyniową i ekstrakt rumowy. Wyjmij popcorn z piekarnika.

e) Wlej mieszaninę syropu na popcorn. Dużą łyżką delikatnie wymieszaj popcorn z syropem, aby się pokrył.

Piecz popcorn bez przykrycia w piekarniku nagrzanym do 300 stopni przez 15 minut.

f) Wyjmij popcorn z piekarnika i wymieszaj z suszonym ananasem i wiórkami kokosowymi.

g) Piecz mieszankę popcornu, bez przykrycia, jeszcze 5 minut.

h) Obróć mieszaninę na duży kawałek folii. Całkowicie schłodzić mieszaninę.

91. Pikantny popcorn

SKŁADNIKI:

- 2 łyżki oleju kukurydzianego
- 2 ząbki czosnku, zmiażdżone
- 1 ½ cala kawałek korzenia imbiru, obrany, posiekany
- 1 szklanka popcornu
- ¼ szklanki masła
- 2 łyżeczki ostrego sosu chili
- 2 łyżki posiekanej świeżej pietruszki
- Sól dla smaku

INSTRUKCJE:

a) W garnku rozgrzej olej.

b) Dodaj 1 ząbek rozgniecionego czosnku, imbiru i kukurydzy. Dobrze wymieszać.

c) Przykryj i gotuj na średnim ogniu przez 3-5 minut, mocno trzymając pokrywkę i często potrząsając patelnią, aż przestanie strzelać.

d) Przełóż prażoną kukurydzę na talerz, odrzucając wszelkie niełuskane ziarna kukurydzy.

e) Rozpuść masło na patelni. Wmieszaj pozostały ząbek zmiażdżonego czosnku i sos chili.

f) Umieść kukurydzę z powrotem na patelni i dobrze wymieszaj, aż równomiernie pokryje się mieszanką. Dodaj pietruszkę i sól i dobrze wymieszaj.

g) Zamień w naczynie do serwowania. Serwuje na ciepło lub na zimno.

92. Popcorn do pizzy

SKŁADNIKI:

- 2 łyżki tartego parmezanu
- 1 łyżeczka czosnku w proszku
- 1 łyżeczka włoskiej przyprawy ziołowej
- 1 łyżeczka papryki
- ½ łyżeczki soli
- pieprz
- 2 kwarty gorącego popcornu

INSTRUKCJE:

a) W blenderze zmiksuj ser, czosnek w proszku, włoską przyprawę, paprykę, sól i pieprz przez około 3 minuty.

b) Umieść popcorn w dużej misce; posypać mieszanką serową.

c) Wrzucić do równomiernego pokrycia.

93. Popcorn w stylu Koolaid

SKŁADNIKI:

- 2 szklanki cukru
- 1 szklanka jasnego syropu kukurydzianego
- ⅔ szklanki masła
- 2 opakowania Kool-Aid (niesłodzone)
- 1 łyżeczka sody oczyszczonej
- 6 litrów popcornu

INSTRUKCJE:

a) W średnim rondlu połącz cukier, syrop kukurydziany i masło.

b) Gotuj na średnim ogniu, aż mieszanina osiągnie wrzenie; gotować 3 minuty. Wymieszaj sodę oczyszczoną i Kool-Aid.

c) Polać popcornem.

d) Piec w temperaturze 225 stopni przez 45 minut, mieszając co 10 minut.

e) Wyjąć z piekarnika i od razu rozbić. Jeśli jesteś szybki, popcorn można wcisnąć do ozdobnych foremek.

94. klastry popcornu

SKŁADNIKI:

- 8c Prażona kukurydza
- 1 szklanka cukru
- ⅓c Lekki syrop kukurydziany
- ⅓c Ciepła woda
- ⅛ łyżeczki soli
- ½ łyżeczki wanilii
- 1 funt polewy czekoladowej

INSTRUKCJE:

a) Odmierz prażoną kukurydzę do dużej miski. W małym rondlu połącz cukier, syrop, wodę i sól.

b) Przykryć szczelnie i doprowadzić do wrzenia.

c) Zdejmij pokrywkę i dodaj termometr.

d) Gotuj do 270 stopni; zdjąć z ognia i wymieszać z wanilią.

e) Wlej ugotowany syrop na prażoną kukurydzę, mieszając, aby pokryła kukurydzę. Całkowicie ostudzić, a następnie przepuścić przez rozdrabniacz do żywności.

f) Rozpuść polewę czekoladową na górze podwójnego bojlera. Wymieszaj zmielony popcorn z czekoladą, używając tyle popcornu, ile pomieści czekolada.

g) Zapakuj do foremek wyłożonych czekoladą lub rozwałkuj między woskowanym papierem i wycinaj kształty za pomocą foremek do ciastek lub noży. Tworzy około 50 sztuk.

95. Stogi Popcornu

SKŁADNIKI:

- 1 kwarta popcornu
- 1 szklanka orzeszków ziemnych
- 3 uncje makaronu Chow Mein
- 12 uncji Czekoladowe Chipsy

INSTRUKCJE:

a) Wymieszaj prażoną kukurydzę, orzeszki ziemne i makaron cm w misce lg
b) Odłożyć na bok.
c) Umieść chipsy Choco w szklanej misce.
d) Mikrofale na średniej mocy przez 3 minuty.
e) Polać mieszanką popcornu.
f) Mieszaj, aż dobrze się wymiesza.
g) Umieść łyżkę wymieszanej mieszanki na woskowanym papierze.
h) Schłodzić, aż będzie twarde.
i) Przechowywać w szczelnie zamkniętych pojemnikach.

96. <u>Kulki Miodowe Popcorn</u>

SKŁADNIKI:

- 1 1/2 kwarty popcornu bez masła, solonego
- ½ szklanki brązowego cukru
- ½ szklanki cukru pudru
- ¼ szklanki miodu
- ⅓ c Woda
- 1 łyżka masła

INSTRUKCJE:

a) Włóż prażoną kukurydzę do piekarnika, aby się rozgrzała. Połącz cukry, miód i wodę w posmarowanym masłem 2-kwartowym rondlu z grubym dnem. powoli podgrzewać, mieszając, aż cukier się rozpuści.

b) Gotuj do uzyskania jędrnej kuli (248 st.).

c) Dodaj masło i mieszaj tylko tyle, aby wymieszać. Powoli wlej syrop na popcorn, mieszając, aby wymieszać. Dłońmi posmarowanymi masłem formować kulki.

d) Robi około 12.

97. Włoski popcorn

SKŁADNIKI:

- 2 łyżki masła
- 1 ząbek czosnku, posiekany
- ½ łyżeczki suszonych liści oregano
- 8c Gorący popcorn
- 2 łyżki tartego parmezanu

INSTRUKCJE:

a) W rondelku o pojemności 1,5 litra, na średnim ogniu, na gorącym maśle, ugotuj czosnek z oregano.

b) W dużej misce skropić popcorn mieszanką masła; wymieszać z serem.

98. Makaroniki Popcorn

SKŁADNIKI:

- 3 Białka jaj
- Sól
- ½ łyżeczki proszku do pieczenia
- 1 szklanka kokosa; Opieczony
- 1 szklanka popcornu; posiekane w blenderze

INSTRUKCJE:

a) Białka ubij na sztywną pianę, dodaj sól i proszek do pieczenia. ubić na sztywno.

b) Dodaj prażone wiórki kokosowe i posiekaną prażoną kukurydzę.

c) Nakładać łyżeczkami na wysmarowane tłuszczem blachy.

d) Piec w temperaturze 350°C przez 15 minut, aż lekko się zarumienią.

99. Popcorn Muffiny

SKŁADNIKI:

- 1 ½ szklanki mąki
- 1 łyżka cukru
- ¾ szklanki Mielona prażona kukurydza
- 2 łyżki stopionego tłuszczu piekarskiego
- 3 łyżeczki proszku do pieczenia
- 1 szklanka mleka
- 1 łyżeczka soli
- 1 Jajko, dobrze ubite

INSTRUKCJE:

a) Mąkę przesiej, odmierz i przesiej z proszkiem do pieczenia, solą i cukrem.

b) Dodaj mleko, prażoną kukurydzę, jajko i tłuszcz piekarski.

c) Napełnij dobrze naoliwione foremki na muffinki do ⅔.

d) Piec w gorącym piekarniku (435° F) 25 minut. 6 porcji.

100. Popcorn na patyku / stylu Popsicle

SKŁADNIKI:

- 16 szaszłyków/drewnianych patyczków
- ⅔ szklanki popcornu bez popcornu
- 1 szklanka orzeszków ziemnych
- 1 szklanka melasy
- 1 szklanka cukru
- 1 łyżeczka soli

INSTRUKCJE:

a) Połącz prażoną kukurydzę i orzeszki ziemne w dużej misce lub patelni. W 2-litrowym rondlu połącz melasę, cukier i sól; gotować na średnim ogniu do etapu twardej kuli (260 stopni).

b) Powoli wlej syrop na uprażoną kukurydzę i orzechy, mieszając, aż mieszanina dobrze się pokryje.

c) Wciśnij do kubków na zimne napoje o pojemności 5 uncji.

d) W każdą wbij drewniany szpikulec i pozostaw do ostygnięcia.

e) Naciśnij dno kubków, aby je wyjąć. Robi około 16

WNIOSEK

Ta książka na nowo odkryła popcorn dla smakoszy z kreatywnymi i pysznymi zwrotami akcji. Popcorn z masłem będzie wydawał się nudny po zjedzeniu smakołyków, takich jak popcorn z żółwia brownie, popcorn z truskawkami w czekoladzie i popcorn z bekonem! To idealna książka na piątkowy wieczór filmowy!

www.ingramcontent.com/pod-product-compliance
Lightning Source LLC
Chambersburg PA
CBHW070415120526
44590CB00014B/1407